Boris Hucker

Memoflips im Geschichtsunterricht Klassen 7–10

Kreative Lernhilfe, Gedächtnisstütze & Spickzettel

Wir haben uns für die Schreibweise mit dem Sternchen entschieden, damit sich Frauen, Männer und alle Menschen, die sich anders bezeichnen, gleichermaßen angesprochen fühlen. Aus Gründen der besseren Lesbarkeit für die Schüler*innen verwenden wir in den Kopiervorlagen das generische Maskulinum. Bitte beachten Sie jedoch, dass wir in Fremdtexten anderer Rechtegeber*innen die Schreibweise der Originaltexte belassen mussten.

In diesem Werk sind nach dem MarkenG geschützte Marken und sonstige Kennzeichen für eine bessere Lesbarkeit nicht besonders kenntlich gemacht. Es kann also aus dem Fehlen eines entsprechenden Hinweises nicht geschlossen werden, dass es sich um einen freien Warennamen handelt.

1. Auflage 2023
© 2023 Auer Verlag, Augsburg
AAP Lehrerwelt GmbH
Alle Rechte vorbehalten.

Das Werk als Ganzes sowie in seinen Teilen unterliegt dem deutschen Urheberrecht. Der*die Erwerber*in der Einzellizenz ist berechtigt, das Werk als Ganzes oder in seinen Teilen für den eigenen Gebrauch und den Einsatz im eigenen Präsenz- oder Distanzunterricht zu nutzen.

Produkte, die aufgrund ihres Bestimmungszweckes zur Vervielfältigung und Weitergabe zu Unterrichtszwecken gedacht sind (insbesondere Kopiervorlagen und Arbeitsblätter), dürfen zu Unterrichtszwecken vervielfältigt und weitergegeben werden. Die Nutzung ist nur für den genannten Zweck gestattet, nicht jedoch für einen schulweiten Einsatz und Gebrauch, für die Weiterleitung an Dritte einschließlich weiterer Lehrkräfte, für die Veröffentlichung im Internet oder in (Schul-)Intranets oder einen weiteren kommerziellen Gebrauch. Mit dem Kauf einer Schullizenz ist die Schule berechtigt, die Inhalte durch alle Lehrkräfte des Kollegiums der erwerbenden Schule sowie durch die Schüler*innen der Schule und deren Eltern zu nutzen. Nicht erlaubt ist die Weiterleitung der Inhalte an Lehrkräfte, Schüler*innen, Eltern, andere Personen, soziale Netzwerke, Downloaddienste oder Ähnliches außerhalb der eigenen Schule. Eine über den genannten Zweck hinausgehende Nutzung bedarf in jedem Fall der vorherigen schriftlichen Zustimmung des Verlags.

Sind Internetadressen in diesem Werk angegeben, wurden diese vom Verlag sorgfältig geprüft. Da wir auf die externen Seiten weder inhaltliche noch gestalterische Einflussmöglichkeiten haben, können wir nicht garantieren, dass die Inhalte zu einem späteren Zeitpunkt noch dieselben sind wie zum Zeitpunkt der Drucklegung. Der Auer Verlag übernimmt deshalb keine Gewähr für die Aktualität und den Inhalt dieser Internetseiten oder solcher, die mit ihnen verlinkt sind, und schließt jegliche Haftung aus.

Autor*innen: Boris Hucker
Umschlagfoto: Arbeit von Schüler*in
Illustrationen: Steffen Jähde, Kristina Klotz
Satz: Satzpunkt Ursula Ewert GmbH, Bayreuth
Druck und Bindung: Korrekt Nyomdaipari Kft.
ISBN 978-3-403-08705-2

www.auer-verlag.de

Inhaltsverzeichnis

Vorwort ... 4

Einführung ... 5

Allgemeine Kopiervorlagen ... 10

Die Kreuzzüge ... 21
Methodisch-didaktische Hinweise ... 21
Register 1: Jerusalem – Zankapfel der drei monotheistischen Weltreligionen ... 22
Register 2: Warum ruft der Papst zu einem Kreuzzug auf? ... 25
Register 3: Die Schlacht bei Hattin – Vorentscheidung im „Heiligen Krieg"? ... 28
Register 4: Wirtschaftliche und kulturelle Bedeutung der Kreuzzüge ... 31
Erwartungshorizont ... 33

Die Amerikanische Revolution ... 38
Methodisch-didaktische Hinweise ... 38
Register 1: Warum wanderten Europäer ab dem 17. Jahrhundert nach Nordamerika aus? ... 39
Register 2: Wie lösten sich die nordamerikanischen Kolonien vom britischen Mutterland? ... 42
Register 3: Benjamin und William Franklin – getrennt durch den Unabhängigkeitskrieg ... 45
Register 4: Die Vereinigten Staaten von Amerika – Staatenbund oder Bundesstaat? ... 48
Erwartungshorizont ... 51

Die Gesellschaft im Deutschen Kaiserreich (1871–1918) ... 56
Methodisch-didaktische Hinweise ... 56
Register 1: Aufbau der Gesellschaft im Deutschen Kaiserreich ... 57
Register 2: Militarismus im Kaiserreich am Beispiel des Hauptmanns von Köpenick ... 60
Register 3: Frauen im Kaiserreich ... 63
Register 4: Judenemanzipation und Antisemitismus am Beispiel der Familie Hirsch ... 66
Erwartungshorizont ... 69

Die Kuba-Krise ... 75
Methodisch-didaktische Hinweise ... 75
Register 1: Kuba – von der Kolonie zur Unabhängigkeit ... 76
Register 2: Wie konnte 1962 ein globaler Atomkrieg verhindert werden? ... 79
Register 3: Fidel und Raúl Castro – Leben in Diensten der Kubanischen Revolution ... 83
Register 4: Kuba heute ... 86
Erwartungshorizont ... 88

Verschwörungstheorien ... 94
Methodisch-didaktische Hinweise ... 94
Register 1: Was ist eine Verschwörungstheorie? ... 95
Register 2: Die „Dolchstoßlegende" – eine Verschwörungstheorie? ... 97
Register 3: QAnon – eine aktuelle Verschwörungserzählung ... 100
Register 4: Warum glauben Menschen an Verschwörungserzählungen? ... 102
Erwartungshorizont ... 104

Vorwort

Liebe Kolleg*innen,

der vorliegende Band konzentriert sich auf kreative Aufgabenformate für Memoflips in den Klassen 7 bis 10 und ist in fünf thematische Kapitel unterteilt. Jedem Kapitel ist eine Seite mit methodisch-didaktischen Hinweisen für die Lehrkraft vorangestellt. Darin enthalten sind Hinweise und kommentierte Links zu digitalen Angeboten. Die einzelnen Kapitel gelten in sich als geschlossene Einheiten, um vollständige, sechsseitige Memoflips herzustellen. Dabei erheben die Kapitel jedoch keinesfalls Anspruch auf inhaltliche Vollständigkeit. Vielmehr bieten sie Schlaglichter zu den Themenkomplexen. Ausgewählte Lerneinheiten eines Kapitels können jedoch selbstverständlich auch ausschließlich für die Gestaltung einer Seite eines individuell gestalteten Memoflips verwendet werden. Vice versa können die Kapitel durch weitere Materialien ergänzt werden, falls umfangreichere Memoflips erwünscht sind. Jedes Kapitel endet mit einem detaillierten Erwartungshorizont. Bei offenen Arbeitsaufträgen, insbesondere bei der Erstellung passender Darstellungen für den Memoflip, sind grundsätzlich mehrere Lösungen denkbar.

Dem Titel entsprechend sind alle Arbeitsaufträge auf die Erstellung von Memoflips ausgerichtet. Trotz der methodischen Abwechslung und Schüler*innenorientierung, die durch die Arbeit an Memoflips in jeder Unterrichtsstunde garantiert werden, gilt es aus geschichtsdidaktischer Sicht, weiterhin das Primat der Didaktik zu beachten: Aus den übergeordneten fachlichen und pädagogischen Zielen leiten sich die spezifischen Medien, Methoden und Sozialformen einer Unterrichtsstunde ab.

Der Band reiht sich in die aktuelle Diskussion um kognitiv aktivierenden Geschichtsunterricht ein. Die vorgestellten Unterrichtsbeispiele sind größtenteils praxiserprobt. Sie eignen sich, um an Vorwissen anzuknüpfen, kognitive Dissonanzen auszulösen und Inhalte vertieft in individuell komprimierten Darstellungen zu verarbeiten. Auch geschichtsdidaktische Prinzipien, insbesondere das der Personifizierung, finden in den Materialien Berücksichtigung. Daher erzeugen sie unter Schüler*innen Betroffenheit, wecken Interesse und fördern kreative Arbeitsergebnisse. Kurzum: Die Arbeitsaufträge und Materialien dieses Bandes ermöglichen kognitiv aktivierendes, nachhaltiges Lernen.

Viel Spaß und gutes Gelingen beim Durchstöbern und Ausprobieren der Materialien!

Herzliche Grüße

Boris Hucker

Einführung

Ein Memoflip ist eine Art selbstgemachtes dünnes Heft. Der Begriff setzt sich aus den englischen Wörtern *memo* als Kurzform für Memorandum und *flip* für umblättern bzw. drehen zusammen. Die Begriffsmischung bezieht sich auf die originelle Aufmachung und Funktion des Mediums. Ein Memoflip hat nämlich die Gestalt von vergrößerten zusammengehefteten Karteikarten. Durch das Aufblättern der einzelnen Register gelangt man zu den Aufzeichnungen bzw. Memoranden. Diese Seiten eines Memoflips dienen der Strukturierung individuell zusammengefasster Lernergebnisse.

© Arbeit von Schüler*in

Dadurch eignet sich diese Form der Ergebnissicherung ideal, um historische Sachverhalte beispielsweise für Klassenarbeiten durch wiederholtes Üben anwendbar zu machen.

Herstellung von Memoflips

Für die Herstellung eines Memoflips werden DIN-A3-Papiere oder DIN-A4-Papiere in Abhängigkeit von der Größe des Memoflips sowie ein Tacker mit zwei bis fünf Nadeln benötigt. Das größere Format eignet sich vor allem für jüngere Lernende, die häufig noch Schwierigkeiten haben, klein zu schreiben und prägnant zu formulieren. Notfalls kann auf den Tacker verzichtet werden, indem die einzelnen Papierblätter nur gefaltet werden. Im Rahmen der Unterrichtsvorbereitung kann die Lehrperson gemäß der Bastelanleitung (**KV1**) Memoflips – für kleinere Lerngruppen und jüngere Lernende – durchaus selbst anfertigen. Gerade bei kleineren Klassen hält sich der Vorbereitungsaufwand in Grenzen. Es gilt zu berücksichtigen, dass bei jüngeren Lernenden die Unterschiede bei den Lerntempi besonders stark ausgeprägt sind. Durch die entsprechende Vorbereitung wird der Fokus der Unterrichtsstunde direkt auf fachliche Ziele anstatt auf Bastelaktivitäten gelegt.

Zur Entlastung der Lehrperson und im Sinne der Erziehung zur Selbstständigkeit können auch noch ungeübte Lernende ihre allerersten Memoflips selbst anfertigen. Mithilfe der Bastelanleitung (**KV1**) sowie des Links *https://www.youtube.com/watch?v=v0Qzaj5QECI* empfiehlt sich die Herstellung in Form einer vorbereitenden Hausaufgabe. Online-Tutorials entsprechen den aktuellen Sehgewohnheiten der Kinder und Jugendlichen. Der Videoclip bietet den Lernenden die Möglichkeit, individuelle Pausen beziehungsweise Wiederholungen von Sequenzen einzulegen.

Grundsätzlich sind Memoflips sehr einfach in wenigen Sekunden und damit während des Unterrichts selbst herstellbar. Die Schüler*innen folgen dazu schrittweise den Ausführungen der Lehrperson, die die Vorgehensweise parallel erklärt. Um allen eine ideale Sicht zu ermöglichen, kann die Modellierung an einer Dokumentenkamera durchgeführt werden. Für die erstmalige Anfertigung sollten – bis zum Ende der siebten Klasse – allerdings bis zu 10 Minuten eingeplant werden. Bei der Herstellung des ersten Memoflips sind generell Momente der persönlichen Zuwendung und dadurch entstehende Wartezeiten für die restlichen Klassenmitglieder zu berücksichtigen. Im Internet gibt es inzwischen erste kommerzielle Anbieter von Memoflips. Es gilt jedoch, die relativ hohen Kosten zu beachten.

Einsatz von Memoflips im Geschichtsunterricht

Memoflips erheben keinesfalls den Anspruch, die Inhalte eines geschichtlichen Themas vollständig darzustellen. Vielmehr stellen sie themengebunden individuell erarbeitete Schlaglichter dar. In Abhängigkeit vom Themen- und Zeitumfang der Unterrichtseinheit haben sich für Memoflips insgesamt sechs bis zehn Register als praktikabel erwiesen. Die vorliegenden Materialien orientieren sich darum an sechsseitigen Memoflips. Für ein sechsseitiges Memoflip werden drei Blätter Papier, für ein achtseitiges vier usw., benötigt. Bei einer höheren Anzahl an Registern nehmen die eingesetzten Methoden schnell wiederholenden Charakter an. Dünnere Memoflips erübrigen sich, da sie keinen Überblick über ausreichend viele Ergebnissicherungen bieten.

Die folgende Tabelle bietet eine Übersicht zur Einführung des Mediums Memoflip im Geschichtsunterricht.

Unterrichtsverlauf bei der Einführung von Memoflips	alternatives Vorgehen
(1.1) Abspielen des Videoclips unter *https:// www.youtube.com/watch?v=tf5Um_zHBWM* durch die Lehrkraft	(2.1) Präsentation eines Memoflips (aus dem Vorjahr, der aktuellen Parallelklasse oder auf Fotos) per Dokumentenkamera oder im Stuhlkreis durch die Lehrkraft
(1.2) parallele Bearbeitung eines Beobachtungsauftrages zu den Merkmalen eines Memoflips durch die Lernenden (**KV2**)	(2.2) parallele Notizen zu Merkmalen von Memoflips durch die Lernenden (**KV4**)
(1.3) Vergleich und Diskussion der Ergebnisse im Unterrichtsgespräch	(2.3) paar- oder gruppenweiser Vergleich der Notizen
(1.4) Visualisierung von Musterlösungen durch die Lehrkraft (**KV3**)	(2.4) Präsentation einzelner Lösungen durch Lernende; Vergleiche und ggf. Ergänzungen durch Klassenmitglieder

Die Schüler*innen müssen die spezifischen Funktionen von Cluster, Mindmap, Tabelle, Wortbild, Mesostichon, Flussdiagramm und Zeitstrahl kennen, um diese Darstellungsformen in Memoflips gezielt einzusetzen. Zur Wiederholung oder Kurzvorstellung der Methoden bietet sich die Ausgabe einer kurzen Übersicht an (**KV5**).

Einsatz im lehrkraftzentrierten Geschichtsunterricht

Die Erstellung des Memoflips kann parallel zum lehrkraftzentrierten Unterricht ablaufen. Dieses Vorgehen empfiehlt sich vor allem bei mit dem Medium noch ungeübten oder eher leistungsschwachen Klassen. Die Einstiegs- und Erarbeitungsphase der Unterrichtsstunde sollte dann lediglich noch auf etwa 35 Minuten ausgerichtet werden. In der verbleibenden Zeit bereiten die Lernenden regelmäßig ihre Ergebnisse für das Memoflip auf. Bei dennoch auftretender Zeitknappheit kann die Fortführung des Memoflips als (freiwillige) Hausaufgabe erteilt werden. Durch die Arbeit am Memoflip lassen sich Lernende erfahrungsgemäß sowohl extrinsisch als auch intrinsisch motivieren, die zur Verfügung stehende Zeit in die Optimierung ihres Memoflips zu investieren.

Einsatz im offenen und projektorientierten Geschichtsunterricht

Die Erstellung eines Memoflips kann in offenen und projektorientierten Unterrichtsvorhaben anhand der folgenden sechs Schritte, die in der Praxis fließend ineinander übergehen, erfolgen.

Unterrichts-phase	Beschreibung	Tipps
1. Organisationsphase	• Sensibilisierung der Lernenden für fachliche Ziele • Absprachen bezüglich Bearbeitungszeit, Sozialform und potenzieller Benotung • ggf. Präsentieren des Bewertungsrasters (**KV10**)	• Einzelarbeit entspricht dem stark individuellen Charakter des Memoflips • Benotungen erzeugen auch extrinsische Motivation • dauerhafte Transparenz durch Ausgabe einer Kopie des Bewertungsrasters
2. Vorbereitungsphase	• gemeinsames Beschriften von Deckblatt und ABC-Liste (**KV6**) • Aufwerfen von Fragen und Hypothesen zu den Teilthemen	• Register unter dem Deckblatt bietet am wenigsten Platz • Ergänzungen durch Ankleben eines zusätzlichen Papierblattes
3. Erarbeitungs- und Dokumentationsphase	• allmählich individuelles Beschriften der übrigen Register • Exzerpieren relevanter Textstellen (für Registerinhalte) • Bereitstellen weiterer Medien • Deponieren der Materialien (in einer Kiste) im Klassenzimmer	• verbindliche Absprachen bezüglich möglicher Ausleihen von Medien
4. Anlegen der ABC-Liste	• Anordnen von Buchstaben in alphabetischer Abfolge • Einführen der ABC-Liste mithilfe einer vorgefertigten Liste zu einem schon behandelten Thema, z. B. Altes Ägypten (**KV7**) • parallel zum Lernprozess Notiz möglichst vieler passender Fachbegriffe hinter den Anfangsbuchstaben • Ableiten von idealerweise drei bis fünf Kategorien aus den Fachbegriffen • Zuordnen der Fachbegriffe zu entsprechenden Kategorien durch bestimmte farbliche Markierung/Unterstreichung	• regelmäßige Aktualisierung der ABC-Liste in häuslicher Nachbereitung oder zum Ende der Unterrichtsstunden • Listen bieten Rückschlüsse zum aktuellen Lernstand und Erkenntnisse über das assoziative Denken • Präsentationen von ABC-Listen und Vergleiche mit Musterlösungen bieten spannende Einblicke in historische Vorstellungen (**KV8**) • Interventionsmöglichkeiten während des Lernprozesses bei offensichtlichen Fehlannahmen

Einführung

Unterrichts-phase	Beschreibung	Tipps
5. Gestaltungs- und Übungsphase	• Gestaltung einzelner Register mit Farben, Symbolen usw. • Lernerfolgskontrolle nach Selbstwiedergabe/Selbstverbalisierung durch Öffnen des Registers	• Register sollen mnemotechnische Funktionen erfüllen • Stärkung der narrativen Kompetenz und Festigung des eigenen Begriffsnetzwerkes durch wiederholtes Üben
6. Präsentations- und Auswertungsphase	• Bewusstmachen des Lernzuwachses durch Feedback am Ende/Anfang jeder Unterrichtsstunde • Präsentieren der Ergebnisse • Fragen und Kritik durch Plenum	• Präsentationen vor schriftlicher Leistungsfeststellung • (Vorlaufzeit zur Füllung von Wissenslücken und Korrektur von Fehlvorstellungen)

Sinnvolle Vorgaben für den Einsatz im lehrkraftzentrierten und offenen Unterricht

Wenn die Memoflips wie empfohlen benotet werden, sind generelle Verbindlichkeiten unerlässlich. Um insbesondere misserfolgsorientierten und/oder leistungsschwachen Lernenden eine verbindliche Grundstruktur anzubieten, kann das Memoflip zur besseren Orientierung einem chronologischen Aufbau folgen. Neben dem gemeinsamen Anlegen des Deckblatts und der ABC-Liste haben sich in der Praxis Mindestanforderungen bezüglich der Darstellungsformen bewährt. Die Schüler*innen sollten mindestens drei verschiedene Darstellungsformen aus Cluster, Mindmap, Tabelle, Wortbild, Mesostichon, Flussdiagramm und Zeitstrahl in sechs- bis achtseitigen Memoflips verwenden.

Von Beginn an gilt es, die Wichtigkeit einer wohlüberlegten Gestaltung der Register zu betonen, auch wenn sie gewöhnlich erst zum Ende der Unterrichtseinheit vorgenommen wird. Die Motive auf den Registern sollen nämlich in der langfristigen Vorbereitung auf und während Klassenarbeiten als persönliche Eselsbrücken dienen. Im Interesse der Lernenden bietet sich daher die verpflichtende Vorgabe an, pro Register eine Skizze oder ein Symbol auswählen zu müssen. Die Motive sollten in die Bewertung des Memoflips einfließen, solange ihre Auswahl vom Lernenden plausibel begründet wird.

Methodische Variationen und Formen der Binnendifferenzierung

Die Lehrperson kann gegenüber schwächeren Lernenden die geeigneten Visualisierungsformen für die einzelnen Ergebnissicherungen einschränken bzw. anfangs sogar ausdrücklich empfehlen. Schnellere Schüler*innen können grundsätzlich auf die Weiterarbeit an der ABC-Liste verwiesen werden. Als weitere Form der Differenzierung eignet sich ebenso das Verfassen von Fließtexten zu individuellen Registerinhalten.

Alternativ zur Präsentation der Memoflips im Plenum kann die Vorstellung der Memoflips ebenfalls dezentral in Form eines Gallery Walk erfolgen. Einige Lernende stellen ihre Arbeitsergebnisse den restlichen Klassenmitgliedern, die sich in gleich großen Gruppen vor ihnen platzieren, vor. Um den Gruppenfokus zu wahren, positioniert sich die Lehrkraft in der Raummitte. Zeitweilig mischt sie sich auch unter die Klasse. Auf ein akustisches Signal hin rotieren die Lernenden im Uhrzeigersinn durch den Raum. Nach dem ersten vollständigen Durchlauf wechseln die Vortragenden in die Rolle der Rezipienten. Dieser Vorgang wiederholt sich, bis jedes Klassenmitglied sein Memoflip präsentiert hat. Zurück im Plenum sollte sich die Lehrkraft nach Auffälligkeiten erkundigen und eigene Beobachtungen zur Diskussion stellen. Um bei den Präsentationen einer bloßen Nennung von Notizen präventiv entgegenzuwirken, bietet sich die Ausgabe von Formulierungshilfen an (**KV9**). Form und Menge des Scaffoldings gilt es auf das Thema, die Klassenstufe und das Leistungsniveau anzupassen.

Memoflips im fächerübergreifenden und -verbindenden Unterricht

Memoflips eignen sich ideal sowohl für das fächerübergreifende Arbeiten, indem die Lehrkraft Bezüge zu Inhalten anderer Fächer herstellt, als auch für das fächerverbindende Lernen, bei dem Lehrpersonen zweier oder mehrerer Fächer zusammenarbeiten. Überfachliche Kooperationen fördern genauso wie die Arbeit an Memoflips die Entwicklung von vernetztem Denken. Ausgehend von problemorientierten Fragestellungen schärfen die Zugänge unterschiedlicher Fächer ein ausdifferenzierteres und breiteres Verständnis für Zusammenhänge.

Die folgende Tabelle bietet eine Übersicht zu problemorientierten Fragestellungen, die zum fächerübergreifenden Arbeiten anregen.

mögliche problemorientierte Fragestellungen	mögliche beteiligte Fächer (neben Geschichte)
Warum ruft der Papst zu einem Kreuzzug auf?	Ethik/Religion
Warum wanderten Europäer ab dem 17. Jahrhundert nach Nordamerika aus?	Gemeinschafts-/Sozialkunde, Geografie
„Verschwörungstheorien" – unvernünftigen Erzählungen oder geheimen Machenschaften auf der Spur?	Gemeinschafts-/Sozialkunde

Bestenfalls unterrichtet eine Lehrperson mehrere Fächer in einer Klasse in Personalunion. So erübrigen sich möglicherweise zeitintensive Absprachen.

Nachhaltigkeit von Memoflips

Um die Lernenden möglichst nachhaltig von der Wirkung des Memoflips zu überzeugen, sollte sein Einsatz als Hilfsmittel bei Klausuren in Betracht gezogen werden. Die Erlaubnis, den Memoflip während Klassenarbeiten einmal einzusehen, ist organisatorisch leicht durchführbar. Dazu legen die Schüler*innen die erstellten Memoflips vor der Klausur auf dem Pult der Lehrkraft aus. Bei Bedarf dürfen Lernende nach Handzeichen und auf Zunicken der Lehrkraft einmalig zum Pult gehen. Dort betrachten sie für eine festgeschriebene Zeitspanne (eine Minute hat sich als praktikabel erwiesen) ihr Memoflip. Inzwischen hakt die Lehrperson den entsprechenden Namen auf der Klassenliste ab. Anschließend kehrt die Person an ihren Platz zurück. Um die Ruhe während der Klausur zu wahren, sollte nicht mehreren Lernenden gleichzeitig der Zugriff auf ihr Memoflip gestattet werden. Nach einem anfänglichen Andrang auf ihre Memoflips während der ersten Klausuren legt sich das Bedürfnis nach den Spickzetteln. Lernende merken, dass sie das auf ihren Memoflips dokumentierte Wissen aufgrund der prägnanten Aufbereitung ohnehin verinnerlicht haben.

Allgemeine Kopiervorlagen

Kopiervorlage 1

Die Bastelanleitung orientiert sich an einem sechsseitigen Memoflip. Dafür werden drei Blätter benötigt. Um den Faltvorgang zu verdeutlichen, besitzen die Blätter in der Anleitung unterschiedliche Graustufen.

1. Die Blätter leicht versetzt aufeinanderlegen. Blatt 1 ist ganz sichtbar. Von den anderen Blättern sieht man jeweils nur etwa 2 cm vom unteren Rand.

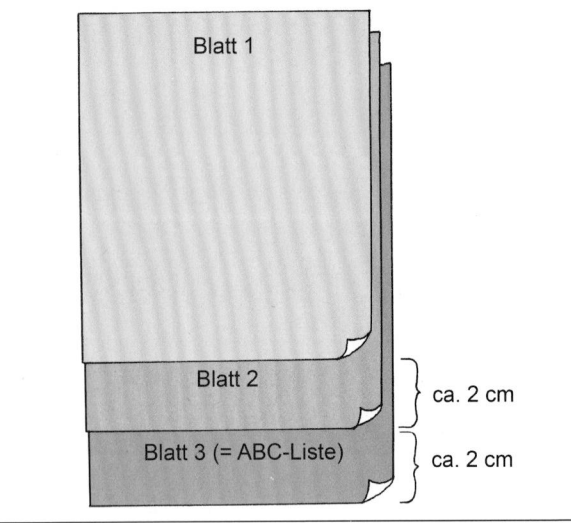

2. Den oberen Teil aller drei Blätter an der Faltlinie nach unten falten und bis zum Anschlag drücken.

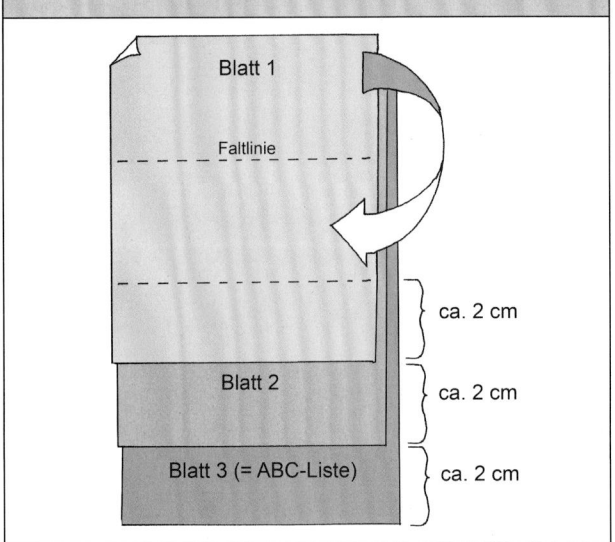

3. Die sechs Register sind erkennbar. Den oberen Rand mit mindestens zwei Tackernadeln fixieren.

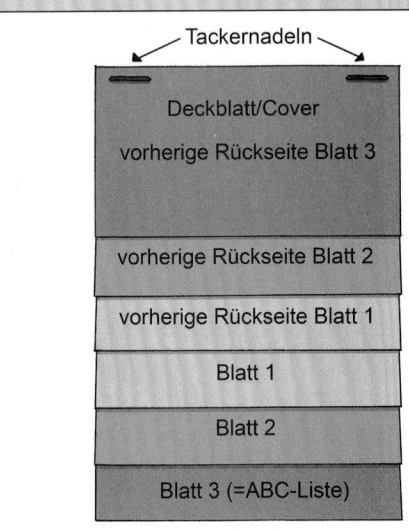

4. Das unterste Register kann mit „ABC-Liste" und nach dem Öffnen von oben nach unten mit dem Alphabet beschriftet werden.

Kopiervorlage 2

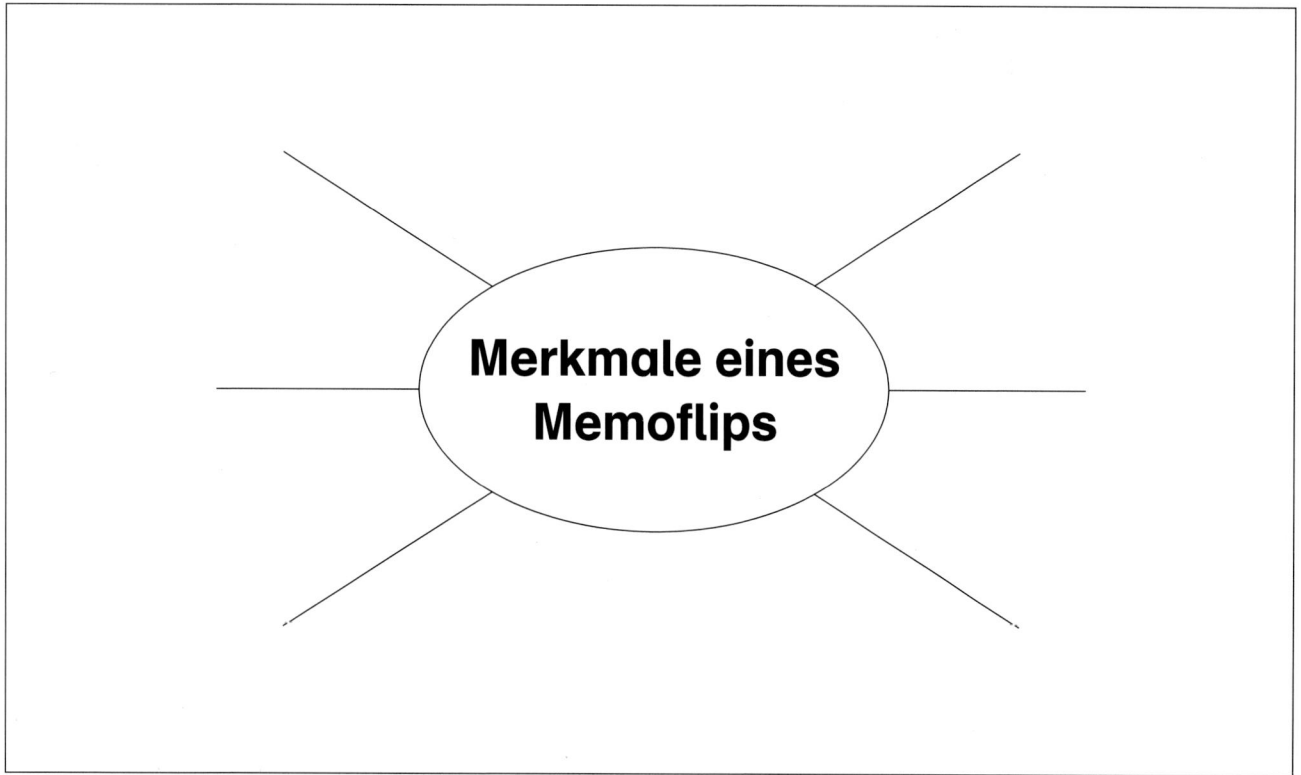

Kopiervorlage 3

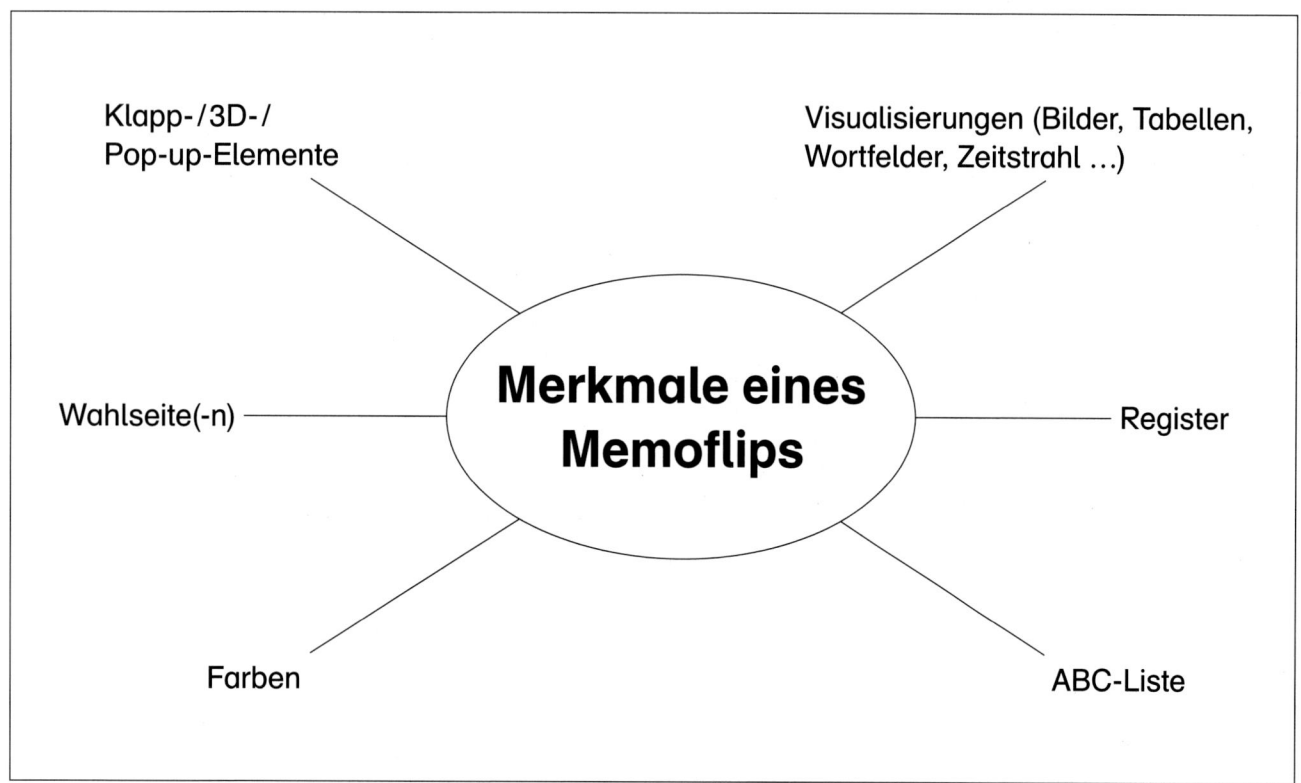

Kopiervorlage 4

Merkmale eines Memoflips

A: Think

1. Höre dem Lehrervortrag zu und betrachte die präsentierten Memoflips.
2. Schreibe möglichst viele Merkmale eines Memoflips auf.

B: Pair

1. Nenne und erkläre die von dir notierten Merkmale einem Partner.
2. Höre deinem Partner zu und notiere dir noch fehlende Merkmale.

-
-
-
-
-

-
-
-
-
-

C: Share

1. Höre den Präsentationen deiner Klassenmitglieder zu.
2. Notiere dir noch fehlende Merkmale von Memoflips.

-
-
-

Kopiervorlage 5

Methodenpool

1. **Cluster:** Darstellungsform, bei der du möglichst viele Fachbegriffe zu einem Thema notierst. Stichpunkte, die inhaltlich miteinander verknüpft sind, kannst du verbinden.

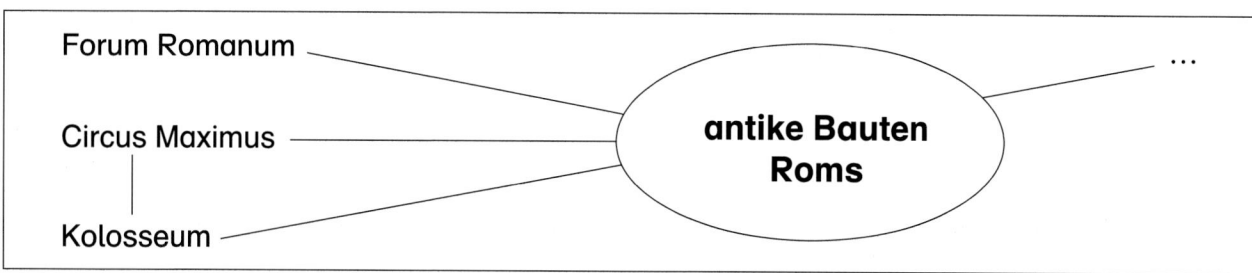

2. **Mindmap:** Darstellungsform, bei der du ein Thema in möglichst viele Haupt-(Äste) und Unterpunkte (Zweige) teilst.

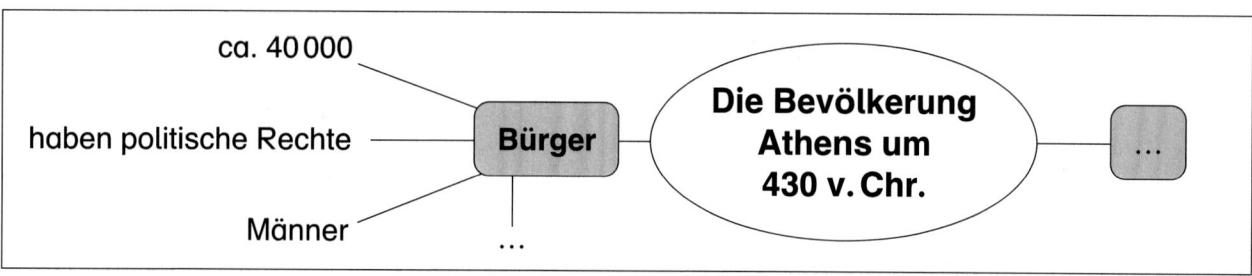

3. **Tabelle:** Darstellungsform, bei der du zwei oder mehrere Aspekte eines Themas miteinander vergleichst. Die Vergleichskriterien sind gegeben oder du musst sie selbst festlegen. Abschließend formulierst du ein Fazit.

Vergleichskriterium	Hitler-Jugend	Bund Deutscher Mädel
Aktivitäten	…	…
…	…	…
…	…	…
Fazit:		

4. **Wortbild:** Darstellungsform, bei der du das (Teil-)Thema notierst und möglichst viele Begriffe, die mit einem Buchstaben aus dem Thema beginnen, nennst.

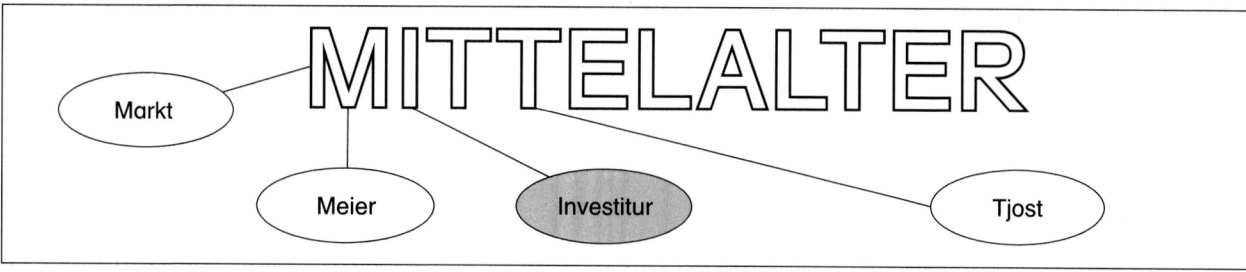

5. Mesostichon: Darstellungsform, bei der du ein senkrecht geschriebenes Wort notierst, aus dessen Buchstaben sich (möglichst) in jeder Zeile ein zum Thema passendes Wort ableiten lässt.

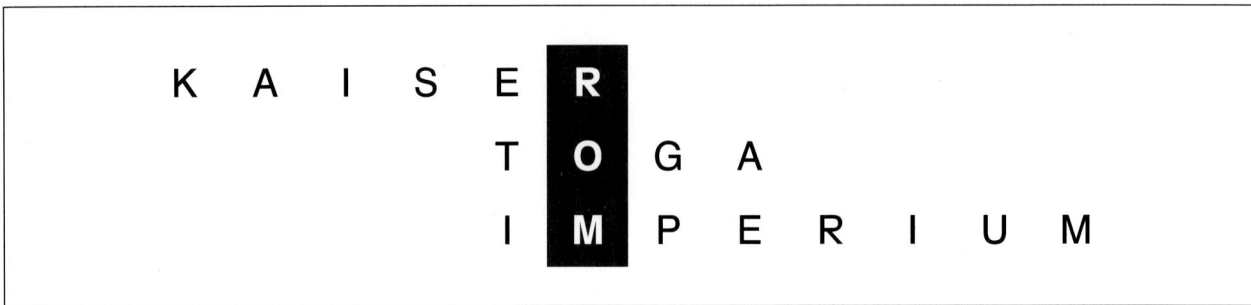

6. Zeitstrahl: Darstellungsform, bei der du geschichtliche Ereignisse chronologisch (in zeitlicher Abfolge) nennst. Achte auf einen geeigneten Maßstab.

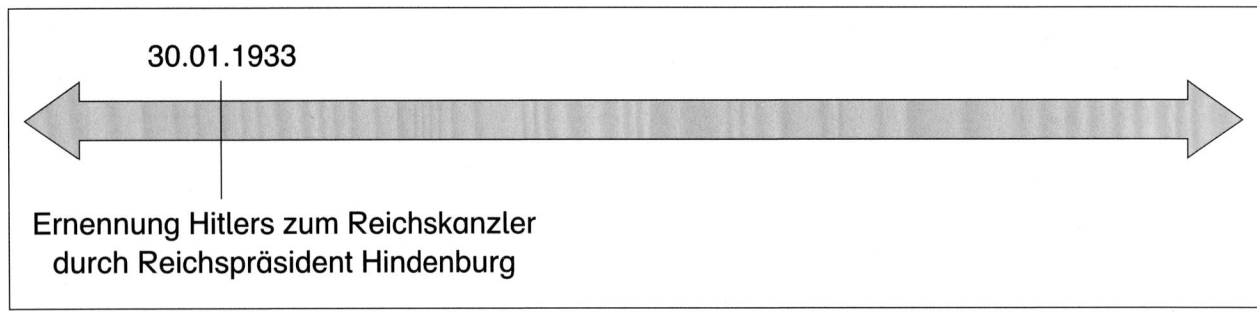

7. Flussdiagramm: Darstellungsform, bei der du in einer Abfolge einen konkreten (historischen) Prozess erklärst.

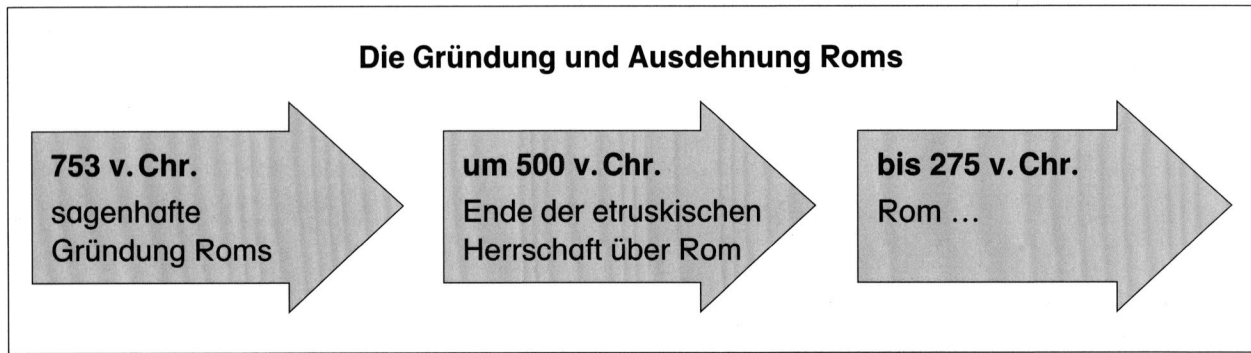

Kopiervorlage 6

Skizze

Thema: _____

A	
B	
C	
D	
E	
F	
G	
H	
I	
J	
K	
L	
M	
N	
O	
P	
Q	
R	
S	
T	
U	
V	
W	
X	
Y	
Z	

Rückseite des vorletzten Papierblattes (A–M)

Bitte hier falten

Vorderseite des letzten Papierblattes (N–Z)

Kategorien:

auch bei geschlossenem Memoflip sichtbares Register

ABC-Liste

Allgemeine Kopiervorlagen

Kopiervorlage 7

Arbeitsauftrag zur ABC-Liste

1. Betrachte die Begriffe aus der ABC-Liste. Notiere dann oberhalb der Liste das Thema, zu dem die Begriffe passen.

2. Wähle <u>mindestens</u> vier der vorgegebenen Begriffe aus. Erkläre sie schriftlich.

_____
_____
_____
_____
_____
_____
_____
_____
_____
_____
_____
_____
_____

3. Ergänze die ABC-Liste um mindestens fünf weitere passende Begriffe.

    Tipp: Recherchiere gegebenenfalls in einem Lexikon oder im Internet.

4. Arbeite aus den vorgegebenen und gefundenen Begriffen drei bis fünf Kategorien/Überbegriffe heraus.

5. Ordne die Begriffe aus der ABC-Liste den Kategorien/Überbegriffen zu, indem du sie mit einer bestimmten Farbe markierst/unterstreichst.

    Tipp: Übrig gebliebene Begriffe kannst du der Kategorie „Sonstiges" zuordnen.

6. Vergleicht paarweise eure Kategorien/Überbegriffe und präsentiert eure Ergebnisse der Klasse. Notiert fehlende Begriffe mit einer bisher unbenutzten Farbe.

	Thema: _____
A	Arbeitsteilung, Abgaben, Alleinherrschaft
B	Bewässerungssystem, Beamte, Bauern
C	
D	Doppelkrone
E	Ernte
F	Feld, Feste
G	Götter, Grab, Geißel
H	Hochkultur, Herrschaftszeichen, Handwerker
I	
J	Jenseits
K	König, Kanäle
L	Lesen
M	Mittelmeer
N	
O	
P	Papier
Q	Quelle
R	Religion, Recht
S	Staat
T	
U	
V	Vorratshaltung
W	Wüste
X	
Y	
Z	
Kategorien:	

ABC-Liste

Allgemeine Kopiervorlagen

Kopiervorlage 8

	Thema: Altes Ägypten
A	Arbeitsteilung, Abgaben, Alleinherrschaft
B	Bewässerungssystem, Beamte, Bauern
C	*Cheops-Pyramide*, Cleopatra
D	Doppelkrone
E	Ernte
F	Feld, Feste
G	Götter, *Grab*, Geißel, *Gizeh*
H	Hochkultur, Herrschaftszeichen, Handwerker, Hieroglyphen
I	
J	Jenseits
K	König, *Kanäle*, *Kairo*, Kalender
L	Lesen
M	*Mittelmeer*, Mumie
N	*Nil*, *Niltal*, Nilschwemme
O	*Oberägypten*
P	Papier, *Pyramide*, Pharao, Papyrus, Papyrusrolle, Priester
Q	Quelle
R	Religion, Recht
S	Staat, *Sarg*, Schreiber, Schrift
T	Totengericht, Totenkult
U	*Unterägypten*
V	Vorratshaltung
W	*Wüste*
X	
Y	
Z	
Kategorien:	Personen Religion *Orte/Bauwerke/Stätten* Wirtschaft

ABC-Liste

Kopiervorlage 9

 Formulierungshilfen

Charakterisierung

- *Besonders an ... ist/sind ...*
- *Es zeichnet ... aus, wie man an den Beispielen/am Beispiel ... bemerkt/sieht ...*
- *... zeichnet sich aufgrund/wegen ... aus.*
- *Speziell/Typisch für ... ist ...*
- *Ein (bedeutsames/wesentliches/wichtiges/zentrales) Merkmal/Kennzeichen von ... ist ...*
- *Ein weiteres Merkmal/Kennzeichen von ... ist ...*

- *Im Gegensatz zu ...*
- *Im Unterschied zu ...*
- *Ein/e ... unterscheidet/unterschied sich von ..., insofern/insoweit/indem/weil ...*

- *Die aktuelle/damalige Situation ähnelt(-e) ..., da/weil/insofern dass ...*
- *... erinnert(-e) ... an ..., da/weil ...*

Beurteilung

- *Zuerst/Zuvorderst/Zuletzt nenne ich (in diesem Zusammenhang) ..., da/weil ...*
- *Besonders/Insbesondere/Vor allem litt(-en)/profitierte(-n) ... aufgrund/unter/von ..., da/weil ...*
- *... war für ... von (großer/geringer ...) Bedeutung/Wichtigkeit, da/weil ...*
- *Aus dem Fall/Beispiel/der Aussage ... geht hervor, dass ...*
- *Aufgrund/Obwohl/Trotz/Wegen ..., hatten ...*
- *Im Gegensatz zu ...*
- *Einer der Gründe/Eine Ursache für ... war ...*
- *Der Anlass lag in ... begründet.*
- *Eine der Auswirkungen/Folgen von ... war ...*
- *Mit Blick auf ... befürchtete(-n)/erwartete(-n)/hoffte(-n) ..., dass ..., da/weil ...*

Kopiervorlage 10

Name: _____ Klasse: _____ Thema: _____

Bewertungsbogen

	Kriterium	Beschreibung	Punkte	Anmerkung
Inhalt	Struktur	*Chronologie/Kohärenz erkennbar/nachvollziehbar* / *kein „roter Faden"/Zusammenhang erkennbar*	____ / 0,5P *(0,5 Punkte für korrekte Übertragung vorgegebener Register)*	
	Qualität und Quantität	*Notizen geben die wichtigsten Informationen fachlich richtig und verdichtet wider* / *Texte werden abgeschrieben/fehlen/sind fehlerhaft*	____ / 8P *(2 Punkte pro Seite abzüglich Cover und ABC-Liste)*	
	(Fach-)Sprache	*sicherer Gebrauch von Fachbegriffen und sichere Rechtschreibung* / *falscher Gebrauch von Fachbegriffen/fehlerhafte Formulierungen/unsichere Rechtschreibung*	____ / 2P *(0,5 Punkte pro Seite abzüglich Cover und ABC-Liste)*	
	ABC-Liste	*umfangreiche Begriffssammlung, nachvollziehbare Kategorisierung der ABC-Liste* / *wenige/fehlende Begriffe, falsche/keine Kategorisierung*	____ / 3P *(davon 1P für die Menge an Begriffen* und 2P für die Kategorisierung**)*	
	strukturierte Darstellungsformen	*Darstellungsformen (Cluster, Wortbild ...) abwechslungsreich und stimmig genutzt* / *Darstellungsformen einförmig/unstimmig/nicht genutzt*	____ / 2P *(0,5 Punkte pro stimmig verwendeter Darstellungsform abzüglich Cover und ABC-Liste)*	
Layout	Gestaltung der Register	*saubere, kreative Gestaltung (Farben, Skizzen, Symbole ...)* / *unsaubere/fehlende Gestaltung*	____ / 2P *(0,5 Punkte für jeweils zwei ansprechend gestaltete Register)*	
	ggf. mögliche Punkte für Bonusleistungen	*sinnvolle gestalterische Elemente (Bilder, Klappfiguren, Kreuzworträtsel ...)* / *keine zusätzlichen Elemente*	____ / 2P *(0,5 Punkte pro Element)*	

_____ / 17,5–19,5P   Note: _____

* < 20 (Fach-)Begriffe = 0P   21–30 (Fach-)Begriffe = 0,5P   > 30 (Fach-)Begriffe = 1P
** logische Kategorisierung = 1P
  plausible Zuordnung aller (Fach-)Begriffe = 1P
  fehlerhafte Zuordnung von 1–5 (Fach-)Begriffen = 0,5P
  fehlerhafte Zuordnung von > 6 (Fach-)Begriffen = 0P

Die Kreuzzüge

Methodisch-didaktische Hinweise

Die Kreuzzüge stehen beispielhaft für die Instrumentalisierung einer Religion im Rahmen eines Konflikts, bei dem neben religiösen Motiven kulturelle, politische, soziale und wirtschaftliche Interessen eine Rolle spielten. Die Verteidigung der christlichen Zivilisation gegen die vermeintliche Barbarei Andersgläubiger galt als eine Legitimation für die Kreuzzüge. Westliche Gesellschaften bezogen sich auch noch in späteren Jahrhunderten, u. a. im Zeitalter des Imperialismus (um 1880 bis 1914) und in Kriegen gegen den islamistischen Terrorismus um die 2000er Jahre, auf diese verzerrte Darstellung. Nicht zuletzt hat der Begriff „Kreuzzug" Eingang in den heutigen Sprachgebrauch für eine leidenschaftlich geführte Kampagne gefunden.

Der Beginn des Kapitels thematisiert die religiöse Bedeutung Jerusalems als zentrales Motiv für die Kreuzzüge. Auf Grundlage der Feststellung, dass Jerusalem in allen drei monotheistischen Weltreligionen als heilige Stadt gilt, werden die Hintergründe für diesen Status erarbeitet. Die Lernenden erkennen in Jerusalem den religiösen Brennpunkt, der vor allem im Nahostkonflikt bis heute schwelt.

In der zweiten Lerneinheit lesen zwei Klassenmitglieder einen Auszug vom Aufruf Papst Urbans II. zum Kreuzzug aus dem Jahr 1095 vor. Die Lernenden werten diese Quelle dann hinsichtlich der Gründe für den Aufruf und den Absichten von Papst Urban II. aus. Abschließend erzeugt ein kreativer Schreibauftrag, der von den Lernenden erfordert, sich in einen damaligen Zuhörenden des öffentlichen Aufrufs hineinzuversetzen, Multiperspektivität gegenüber dem Sachverhalt.

Im Zuge des ersten Kreuzzuges setzten sich Kreuzfahrer territorial in Palästina fest. Die dritte Einheit des Kapitels thematisiert die Umstände für die offene Feldschlacht bei Hattin von 1187 zwischen Kreuzfahrern und Muslimen, ihren Verlauf sowie deren Auswirkungen. Die Lernenden beurteilen, inwiefern die Schlacht bei Hattin im Rahmen der Kreuzzüge eine vorentscheidende Bedeutung einnahm.

Als Einstieg in die letzte Einheit dienen dem Arabischen entlehnte Wörter, die Eingang in unsere Sprache gefunden haben. Die Lernenden erkennen, dass neben kriegerischen Auseinandersetzungen auch kulturelle Austauschprozesse das Verhältnis von Christen und Muslimen im Mittelalter prägten. Von diesen vor allem auf wirtschaftliche Vorteile ausgerichteten Kontakten gilt es jedoch, religiöse Toleranz im heutigen Sinne zu differenzieren.

Die Lernenden bereiten die zentralen Informationen des Kapitels in individuell gestalteten Memoflips auf. Dabei finden wichtige (Fach-)Begriffe Eingang in die ABC-Liste.

Anregungen zu digitalen Umsetzungen

MrWissen2go Geschichte, Moderator Mirko Drotschmann, präsentiert in diesem Videoclip Informationen über die mittelalterlichen Kreuzzüge: *https://www.zdf.de/funk/mrwissen2go-geschichte-12024/funk-kreuzzuege-im-mittelalter-100.html*

Der Link des Landesbildungsservers in Baden-Württemberg führt zu Auszügen von Quellen. Berichte von Christen und Muslimen bieten multiperspektivische Einblicke in die Zeit der Kreuzzüge: *https://www.schule-bw.de/themen-und-impulse/extremismuspraevention-und-demokratiebildung/extremismuspraevention/extremismus/salafismus/arbeitsblaetter/salafismus-arbeitsblaetter-m8-m12-kreuzzuege.pdf*

Memoflip – Erstellung, Deckblatt und Register 1 Arbeitsaufträge

> Gestalte ein Memoflip aus drei Blättern zum Thema **„Die Kreuzzüge"**.
>
> Beschrifte die Register wie folgt:
> Deckblatt: Die Kreuzzüge
> Register 1: Jerusalem – Zankapfel der drei monotheistischen Weltreligionen
> Register 2: Warum ruft der Papst zu einem Kreuzzug auf?
> Register 3: Die Schlacht bei Hattin – Vorentscheidung im „Heiligen Krieg"?
> Register 4: Wirtschaftliche und kulturelle Bedeutung der Kreuzzüge
> Register 5: ABC-Liste
>
> Befülle die einzelnen Register deines Memoflips im Anschluss anhand der folgenden Aufgaben. Übertrage während der Erstellung wichtige (Fach-)Begriffe in die ABC-Liste am Ende deines Memoflips. Wenn du fertig bist, kannst du das Deckblatt deines Memoflips gestalten.

Register 1: Jerusalem – Zankapfel der drei monotheistischen Weltreligionen

1.1 Betrachte die Fotos (**M1** bis **M3**). Formuliere passende Fragen.

_____
_____
_____
_____

1.2 Lies den Text über Jerusalem (**M4**). Erläutere, warum Jerusalem für Juden, Christen und Muslime heilig ist.

_____
_____
_____
_____
_____
_____

2.1 Erstelle zum Thema Jerusalem eine geeignete Darstellungsform für dein Memoflip.

2.2 Übertrage wichtige (Fach-)Begriffe in die ABC-Liste am Ende deines Memoflips.

M1 Die „Klagemauer"

Gläubige beten an der Jerusalemer „Klagemauer" (re.), einer der wichtigsten religiösen Stätten des Judentums. Sie befindet sich unweit der Kuppel des muslimischen Felsendoms am Tempelberg (li.).

M2 Die Grabeskirche in Jerusalem

Die Grabeskirche in Jerusalem zählt zu den wichtigsten Heiligtümern des Christentums.

M3 Al-Aqsa-Moschee

Die Jerusalemer Al-Aqsa-Moschee auf dem Tempelberg gilt im Islam als heilige Stätte.

M4 Jerusalem aus verschiedenen Blickwinkeln

1 Der Berg Moriah gilt seit jeher als heilig. Christliche, jüdische und muslimische Gelehrte glauben, der Tempelberg sei der Berg Moriah. Der Tempelberg liegt im Südosten der heutigen Jerusalemer Altstadt.

Jerusalem aus jüdischer Sicht

5 Nach jüdischer Überlieferung erschuf Gott aus einem Felsen auf dem Berg Moriah die Erde, das Leben und das Universum. Der Berg soll auch Ort weiterer wichtiger Ereignisse sein. So gilt der Fels als Ort, auf dem König Salomon um 960 v. Chr. den ersten jüdischen Tempel bauen ließ. Die Babylonier zerstörten ihn mutmaßlich 586 v. Chr. Der Neubau des Tempels begann um 520 v. Chr. Der zweite Tempel wurde zum Mit-
10 telpunkt des jüdischen Volkes. Im Jahr 70 n. Chr. schlugen die Römer einen jüdischen Aufstand nieder und brannten den Tempel ab. Nur ein Teil der westlichen Mauer blieb unzerstört. Die sogenannte „Klagemauer" wurde so zum wichtigsten jüdischen Heiligtum. Pläne, einen dritten Tempel zu errichten, scheiterten bisher.

Jerusalem aus christlicher Sicht

15 Für Christen ist Jerusalem wegen Jesus von Nazareth von großer Bedeutung. Jesus soll dort um 30 n. Chr. gekreuzigt, begraben und auferstanden sein. Die Mutter von Kaiser Konstantin dem Großen pilgerte im Jahr 326 n. Chr. nach Jerusalem. Im Auftrag Konstantins ließ sie an der überlieferten Stelle die Grabeskirche bauen, die im Jahr 335 eingeweiht wurde. Somit rückten die Kreuzigung und die Auferstehung Jesu in das
20 Zentrum des christlichen Glaubens. Das Kreuz vom Leiden Jesu wurde zum Zeichen des Christentums. Zerstörungen durch Brände, Erdbeben und Eroberungen, aber auch Erneuerungen und Anbauten veränderten die Grabeskirche. Bis heute gilt sie als wichtigste Kirche des Christentums.

Jerusalem aus muslimischer Sicht

25 Im Islam gilt Jerusalem nach Mekka und Medina als drittwichtigster heiliger Ort. Nach islamischer Überlieferung ritt Muhammad (um 570–632 n. Chr.), der Gründer des Islam, auf einem fabelhaften Pferd in nur einer Nacht von Mekka nach Jerusalem. Vom Tempelberg soll er dann in den Himmel aufgestiegen sein. An der angeblichen Stelle des Aufstiegs steht seit etwa 700 n. Chr. die goldene Kuppel des Felsendoms. Damit ist der
30 Felsendom eines der ältesten religiösen Bauwerke im Islam. Zudem wurde um 700 n. Chr. die Al-Aqsa-Moschee auf dem Tempelberg erbaut.

Arbeitsaufträge   Memoflip – Register 2

Register 2: Warum ruft der Papst zu einem Kreuzzug auf?

1. Zwei Klassenmitglieder lesen den Aufruf zum Kreuzzug von Papst Urban II. vor (**M1**). Begründe anschließend, warum Papst Urban II. zum Kreuzzug aufruft.

   _____

   _____

   _____

2. Erkläre, wie Papst Urban II. die Zuhörer zur Teilnahme am Kreuzzug bewegen möchte.

   Tipp: Achte auf seine Versprechen.

   _____

   _____

   _____

3. Vergleiche, wie Papst Urban II. die Franken (Christen) und die Muslime beschreibt.

	Franken (Christen)	**Muslime**
Beziehung zu Gott		
Eigenschaften		
Tätigkeiten		
Fazit:		

Die Kreuzzüge   25

Memoflip – Register 2   Arbeitsaufträge

4.1 Erstelle zum Kreuzzugsaufruf durch Papst Urban II. eine geeignete Darstellungsform für dein Memoflip.

4.2 Übertrage wichtige (Fach-)Begriffe in die ABC-Liste am Ende deines Memoflips.

5. Stelle dir vor, du hast zur damaligen Zeit gelebt und gerade den Aufruf zum Kreuzzug von Papst Urban II. gehört. Notiere deine spontanen Gedanken.

Tipp: Nutze die Formulierungshilfen (**M2**).

Materialien Memoflip – Register 2

M1 Aufruf zum Kreuzzug durch Papst Urban II.

Nach einer kurzen Einweisung in das Thema betreten zwei Lernende das Klassenzimmer und lesen den Aufruf zum Kreuzzug von Papst Urban II., den er in der französischen Stadt Clermont 1095 vor einer Versammlung von Äbten und Bischöfen tätigte, jeweils zur Hälfte vor.

> Herhören! Herhören! Wir kommen aus der französischen Stadt Clermont. Papst Urban II. verkündete dort folgenden Aufruf:

1 „Ihr Volk der Franken [Christen], ihr Volk nördlich der Alpen, ihr seid, wie eure vielen Taten erhellen, Gottes geliebtes und auserwähltes Volk. […]
Aus dem Land Jerusalem und der Stadt Konstantinopel kam schlimme Nachricht. […]
Ein fremdes Volk [Muslime], ein ganz gottfernes Volk […] hat die Länder der dortigen
5 Christen besetzt, durch Mord, Raub und Brand entvölkert und die Gefangenen teils in sein Land abgeführt, teils elend umgebracht; es hat die Kirchen Gottes gründlich zerstört oder für seinen Kult beschlagnahmt. Sie beflecken die Altäre mit ihren Abscheulichkeiten und stürzen sie um […].
Wem anders obliegt nun die Aufgabe, diese Schmach zu rächen, dieses Land zu befrei-
10 en, als euch? Euch verlieh Gott mehr als den übrigen Völkern ausgezeichneten Waffenruhm, hohen Mut, körperliche Gewandtheit und die Kraft, den Scheitel [oberste Stelle des Kopfes] eurer Widersacher [Gegner] zu beugen. […]
Kein Besitz […] soll euch fesseln. Denn dieses Land, in dem ihr wohnt, ist allenthalben von Meeren und Gebirgszügen umschlossen und von euch beängstigend dicht bevöl-
15 kert. Es fließt nicht vor Fülle und Wohlstand über und liefert seinen Bauern kaum die bloße Nahrung. Daher kommt es, dass ihr euch gegenseitig […] bekämpft, gegeneinander Krieg führt […]. Aufhören soll unter euch der Hass, schweigen soll der Zank, ruhen soll der Krieg, einschlafen soll aller Meinungs- und Rechtsstreit! Tretet den Weg zum Heiligen Grab [Grab Jesu] an, nehmt das Land dort dem gottlosen Volk, macht es euch
20 untertan! […] Jerusalem ist der Mittelpunkt der Erde, das fruchtbarste aller Länder, als wäre es ein zweites Paradies der Wonne [des Genusses]. […] Schlagt also diesen Weg ein zur Vergebung eurer Sünden; nie verwelkender Ruhm ist euch im Himmelreich gewiss. […] Wenn ihr den Feind angreift und bekämpft, werden alle vom Heer Gottes dies eine rufen: Gott will es, Gott will es!"

© zit. nach: Arno Borst, Lebensformen im Mittelalter, Ullstein Buchverlage, Berlin, 1997.

M2 Formulierungshilfen

> Endlich …   Es gibt die Möglichkeit, dass …   Ich freue mich auf …
> Ich fürchte mich vor …   Besonders erschreckend finde ich …
> Überrascht hat mich …   Unverständlich finde ich …
> Für die Zukunft hoffe ich vor allem …   Mein Glaube …

Die Kreuzzüge

Register 3: Die Schlacht bei Hattin – Vorentscheidung im „Heiligen Krieg"?

1. Vergleiche die Karten (**M1**). Stelle Vermutungen zu den Veränderungen auf der Landkarte an.

2. Lies den Text über die Schlacht bei Hattin (**M2**). Stelle Ursachen, Anlass, Verlauf und Folgen der Schlacht dar.

3.1 Erstelle zur Schlacht bei Hattin eine geeignete Darstellungsform für dein Memoflip.

3.2 Übertrage wichtige (Fach-)Begriffe in die ABC-Liste am Ende deines Memoflips.

4. Beurteile, inwieweit die Schlacht bei Hattin als Wendepunkt der Kreuzzüge gelten kann.

Materialien   Memoflip – Register 3

M1 Die Kreuzfahrerstaaten um 1135 und um 1190

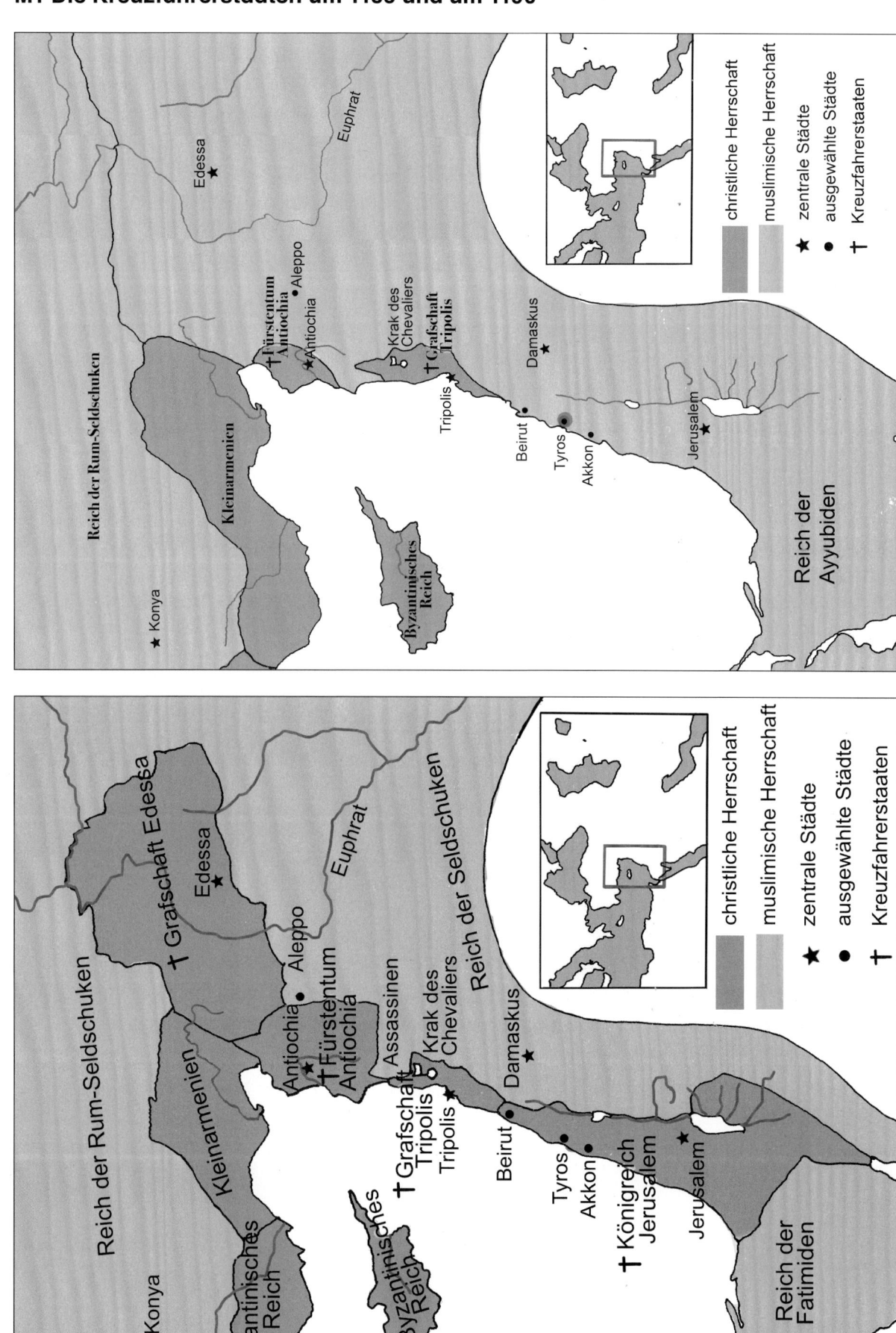

Die Kreuzfahrerstaaten um 1190

Die Kreuzfahrerstaaten um 1135

M2 Die Schlacht bei Hattin

Infolge des ersten Kreuzzuges bildeten die Christen in Palästina vier Staaten, den mächtigsten darunter mit dem Königreich Jerusalem. Bis 1186 brachte der muslimische Herrscher Saladin die Nachbargebiete der Kreuzfahrerstaaten unter seine Kontrolle. Die unter Saladin vereinten Muslime konnten sich nun auf den Heiligen Krieg (Dschihad) gegen die Christen konzentrieren.

Muslime im Vormarsch – Christen in der Deckung

Mit seinem großen Herrschaftsgebiet und seinen überlegenen Truppen konnte sich Saladin mehrere Angriffe gegen die Kreuzfahrer leisten. Die Zahl der niedergelassenen Kreuzfahrer überstieg zu keiner Zeit 120 000. Häufige Thronwechsel und Streitereien unter den christlichen Fürsten schwächten das Königreich Jerusalem. Zwischen 1177–1187 gelang es den Kreuzfahrern zwar, ihre Stellungen gegen muslimische Angriffe zu verteidigen. Doch dafür verwüsteten die muslimischen Truppen das gesamte Umland. Die Plünderungen schadeten der Wirtschaft und dem Selbstvertrauen der Kreuzfahrer.

Wachsender Mut zum Risiko

Im Mittelalter zogen Angreifer oft plündernd über das Land oder belagerten Burgen und Städte. So war ein Rückzug jederzeit ohne größeres Risiko möglich. Einige Kreuzfahrer wollten Plünderungen nicht mehr tatenlos zusehen. Sie befürchteten weiterhin einen schnellen Anstieg von Saladins Macht. Darum waren sie bereit, ein großes Risiko einzugehen: Sie wollten eine offene Feldschlacht gegen die viel größeren muslimischen Heere wagen.

Die Schlacht bei Hattin

Trotz eines Waffenstillstands wurde 1186/1187 eine bewaffnete muslimische Karawane auf christlichem Gebiet überfallen. Saladins Forderung nach einer Wiedergutmachung blieb erfolglos. So standen am 4. Juli 1187 ungefähr 20 000 christliche etwa 30 000 muslimischen Kriegern gegenüber. Das bis dahin größte Kreuzfahrerheer unterschätzte womöglich die Zahl von Saladins Truppen. Ein von Saladins Kriegern entfachtes Feuer verschlimmerte die ohnehin schon große sommerliche Hitze und den Durst der Kreuzfahrer. Das muslimische Heer drängte die Kreuzfahrer in ein wasser- und schattenloses Gebirge bei Hattin zurück. Den Kreuzfahrern gelang es nicht, sich Zugang zu Trinkwasser zu erkämpfen. Die Schlacht endete mit einer vernichtenden Niederlage der Kreuzfahrer. Gefangene wurden versklavt, getötet oder gegen Lösegeld freigelassen.

Ein tiefsitzender Schock

Die muslimischen Truppen konnten in nur wenigen Wochen die kaum noch geschützten Stützpunkte der Kreuzfahrer erobern. Die Heilige Stadt Jerusalem fiel am 2. Oktober 1187. Der Schock über die verheerende Niederlage führte zum Dritten Kreuzzug (1189–1191). In der Folge eroberten die Kreuzfahrer zwar erneut Gebiete in Palästina, jedoch deutlich kleinere als zuvor. Jerusalem blieb unter muslimischer Herrschaft. Letzte Festungen konnten die Kreuzfahrer im „Heiligen Land" noch bis 1291 halten.

Register 4: Wirtschaftliche und kulturelle Bedeutung der Kreuzzüge

1.1 Lies die arabischen Lehnwörter (**M1**). Ordne sie Gruppen zu und formuliere zu jeder Gruppe einen Überbegriff (Nahrungsmittel, Transport …).

Tipp: Recherchiere im Internet unter *www.duden.de* die Bedeutung unbekannter Wörter.

_____
_____
_____
_____
_____
_____
_____

1.2 Lies den Text zum kulturellen Austausch zwischen Muslimen und Christen (**M2**) und begründe, warum es Wörter aus dem Arabischen in der deutschen Sprache gibt.

_____
_____
_____
_____
_____

2.1 Erstelle zur wirtschaftlichen und kulturellen Bedeutung der Kreuzzüge eine geeignete Darstellungsform für dein Memoflip.

2.2 Übertrage wichtige (Fach-)Begriffe in die ABC-Liste am Ende deines Memoflips.

3. Diskutiert im Klassenverband Chancen und Grenzen des kulturellen Austausches zwischen Christentum und Islam.

M1 Lehnwörter aus dem Arabischen

Algebra Aprikose Arsenal Diwan Gamasche Gitarre Kaffee
Karaffe Kümmel Laute Matratze Schach
Sofa Tasse Talisman Ziffer

M2 Kultureller Austausch zwischen Muslimen und Christen

1 Ausbreitung des Islam nach Europa

Im Jahr 711 stießen muslimische Heere aus Nordafrika in das heutige Spanien vor. Die neuen Herrscher brachten den Islam nach Europa. Neben kriegerischen Auseinandersetzungen und Feindschaft prägten auch friedliche Beziehungen das Verhältnis zwi-
5 schen Christen und Muslimen. Durch diese vielfältigen Kontakte gelangte auch neues Wissen in das Abendland.

Kultureller Austausch zum allgemeinen Vorteil

Bei den Kreuzzügen kamen viele Europäer erstmals seit Jahrhunderten wieder mit Kulturen in Kontakt, die ihrer eigenen überlegen waren. Auch in Palästina lebten viele
10 Christen und Muslime zwischen den Kreuzzügen friedlich zusammen. Einige Kreuzfahrer blieben auf Dauer im sogenannten „Heiligen Land". Sie übernahmen zum eigenen Vorteil viele Gewohnheiten ihrer neuen Heimat. So nutzten sie das Wissen der arabischen Baukunst, Medizin und Landwirtschaft. Passend zum meist warmen Wetter trugen sie vermehrt arabische Kleidung und aßen neue Früchte, wie Aprikosen und
15 Orangen. Arabische Wörter wurden in europäische Sprachen übernommen oder angepasst. Der Fernhandel zwischen Christen und Muslimen brachte beiden Seiten Gewinne. Manche Kaufleute lernten extra Arabisch. Die Stadt Akkon ließ sogar Münzen mit arabischer Aufschrift pressen. So wollten sie das Vertrauen bei fremden Fernhändlern erhöhen. Das arabische Zahlensystem setzte sich in Europa erst allmählich durch.

20 Religiöse Ablehnung zum beidseitigen Nachteil

Die abendländische Bevölkerung der Kreuzfahrerstaaten stieg um das Jahr 1180 auf etwa 120 000. Die einheimischen Bewohner blieben jedoch stets in deutlicher Mehrheit. Zu einer tiefgehenden Vermischung der Christen mit der muslimischen Bevölkerung kam es indessen nicht. Die jeweils andere Religion stieß auf Ablehnung. Nur in sehr we-
25 nigen Fällen kam es nach Religionswechsel zu Ehen. Vor allem Kreuzfahrer, die neu im „Heiligen Land" eintrafen oder nur für kurze Zeit kamen, um die Vergebung ihrer Sünden zu erhalten, lehnten Anpassungen an die arabische Kultur ab.

Erwartungshorizont

Register 1: Jerusalem – Zankapfel der drei monotheistischen Weltreligionen

1.1 Warum gilt Jerusalem im Christentum, Islam und Judentum als „Heilige Stadt"? Was genau passierte in Jerusalem? Zu welchem Bau gehörte die „Klagemauer"?

1.2 In Jerusalem stand der zweite jüdische Tempel. Die Römer brannten ihn 70 n. Chr. ab. Die „Klagemauer" ist ein Überbleibsel des zweiten Tempels. Jesus soll in Jerusalem gekreuzigt und begraben worden und auferstanden sein. An der überlieferten Stelle des Grabes und der Auferstehung ließ Konstantin der Große die Grabeskirche bauen. Nach muslimischem Glauben ritt Muhammad auf einem Fabelwesen über Nacht von Mekka nach Jerusalem. Er soll vom Tempelberg in den Himmel aufgestiegen sein. An der überlieferten Stelle steht heute der Felsendom.

2.1 mögliche geeignete Darstellungsform: **Zeitstrahl**

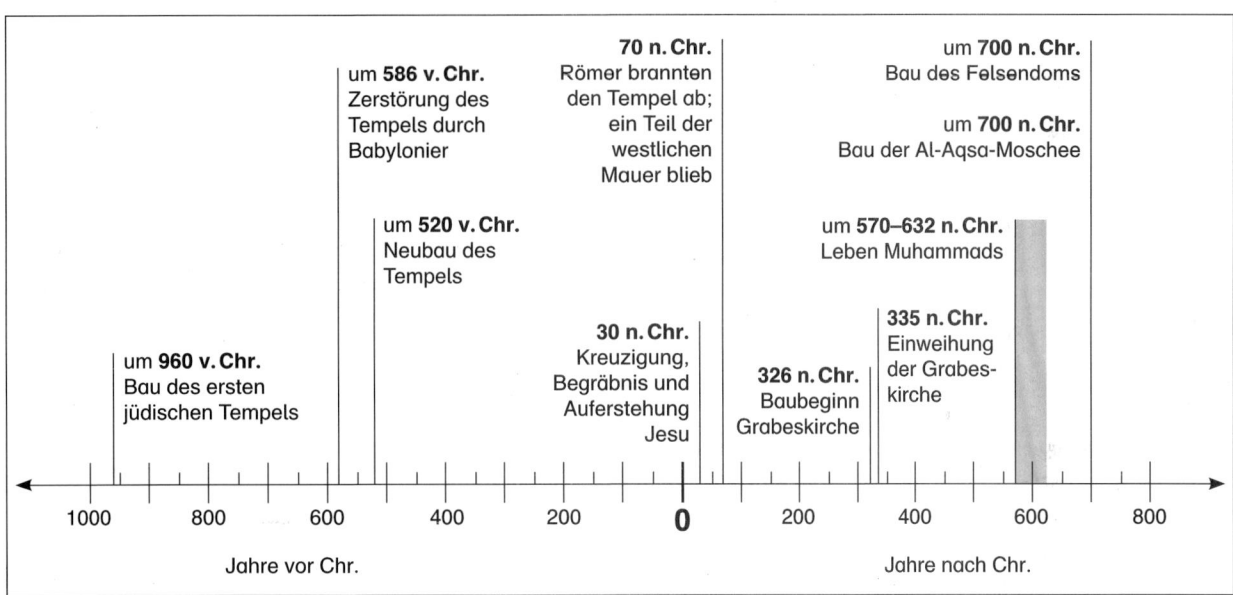

2.2 siehe ABC-Liste

Register 2: Warum ruft der Papst zu einem Kreuzzug auf?

1. Papst Urban II. ruft zum Kreuzzug auf, da Muslime von Konstantinopel bis Jerusalem Gebiete von Christen, darunter das Grab Jesu, erobert haben. Christen wurden beraubt, ermordet und verschleppt. Ihre religiösen Stätten wurden angegriffen oder in Moscheen umgewandelt.

2. Papst Urban II. ruft zum Frieden unter Christen auf. Laut ihm führen die vielen Christen und die Enge im Abendland zu Hunger und Armut. Sie sollen Rache nehmen und das Land zurückerobern. Jerusalem bezeichnet er als „das fruchtbarste aller Länder", ein „zweites Paradies der Wonne". Er verspricht Kreuzfahrern die Vergebung von Sünden und ewigen Ruhm im Himmelreich. Er vermittelt den Zuhörern, dass Gott den Krieg wolle.

Die Kreuzzüge

3.

	Franken (Christen)	Muslime
Beziehung zu Gott	von „Gott geliebtes" und „auserwähltes Volk", Gott verlieh ihnen „ausgezeichneten Waffenruhm"	„ein ganz gottfernes Volk", „gottloses Volk"
Eigenschaften	mutig, gewandt, kräftig, tapfer	brutal, gewalttätig, grob, rücksichtslos, unbeherrscht, wild
Tätigkeiten	leben sehr dicht beieinander, bekämpfen einander	besetzen christliches Land, Raub, Mord, Brandschatzung, Zerstörung und Beschlagnahme von Kirchen

Fazit: Papst Urban II. stellt den Christen die Muslime gegenüber. Während Christen laut seiner Darstellung nur positive Eigenschaften besitzen, haben Muslime scheinbar nur negative. Durch ihr aggressives Vorgehen würden die Muslime die Christen bedrohen.

4.1 mögliche geeignete Darstellungsform: **Mesostichon**

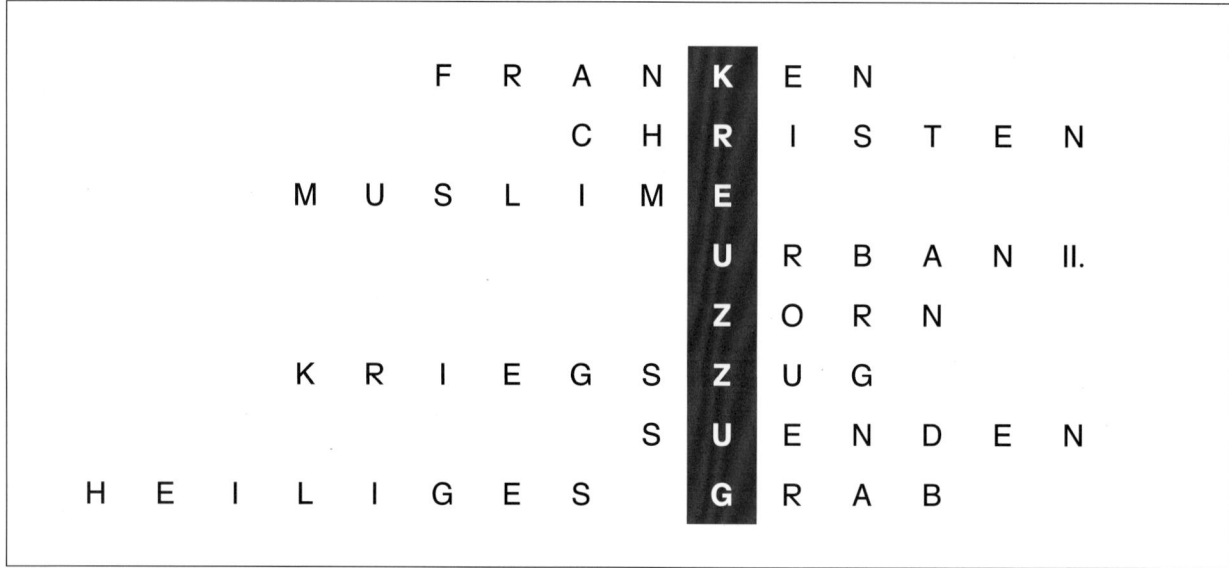

4.2 siehe ABC-Liste

5. individuelle Lösungen

Register 3: Die Schlacht bei Hattin – Vorentscheidung im „Heiligen Krieg"?

1. Von den vier Kreuzfahrerstaaten um 1135 gibt es 1190 nur noch zwei und zwar mit deutlich verkleinertem Gebiet. Das Reich der Ayyubiden umfasst große Gebiete im Osten und Süden, darunter das ehemalige Reich der Fatimiden.
Vermutungen: Die Kreuzfahrerstaaten konkurrierten untereinander und schwächten sich so gegenseitig. Das Reich der Ayyubiden kontrollierte viele zuvor rivalisierende, muslimische Gebiete. Die Muslime besiegten die Christen militärisch.

2. siehe 3.1

3.1 mögliche geeignete Darstellungsform: **Flussdiagramm**

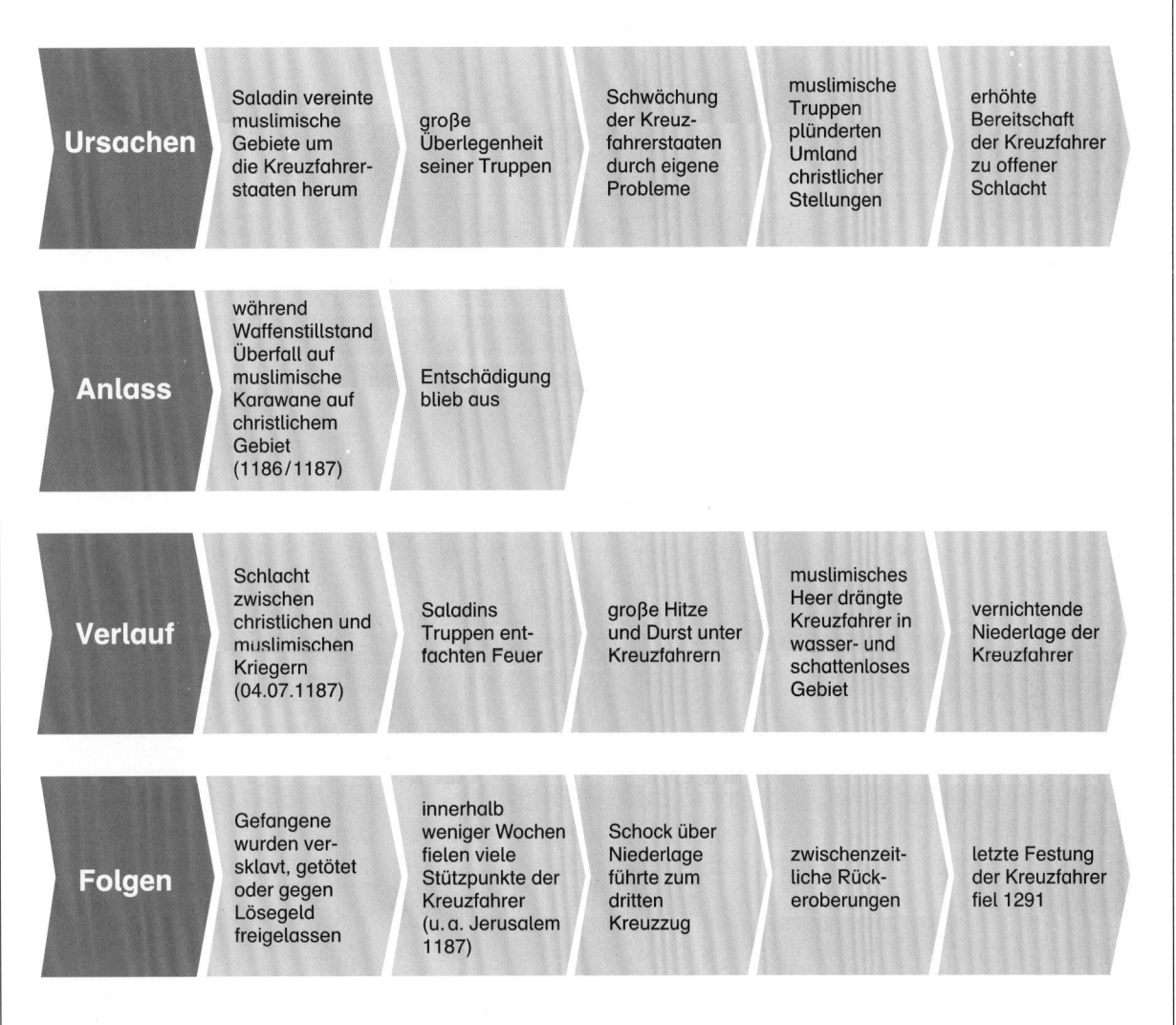

3.2 siehe ABC-Liste

4. mögliche Aspekte für einen Wendepunkt: Die vernichtende Niederlage löste tiefgreifenden Schock unter den Kreuzfahrern aus, viele christliche Stützpunkte waren danach schwach besetzt und wurden schnell erobert, auch Jerusalem fiel.
mögliche Aspekte gegen einen Wendepunkt: Den Kreuzfahrern gelang die Rückeroberung von Gebieten. Die Kreuzfahrer hielten ihre letzte Festung noch bis 1291.

Register 4: Wirtschaftliche und kulturelle Bedeutung der Kreuzzüge

1.1 siehe 2.1

1.2 Mit der Eroberung von Teilen Europas durch Araber gelangten neues Wissen und auch neue Wörter in das Abendland. Einige Kreuzfahrer blieben auch dauerhaft im „Heiligen Land". Sie übernahmen viele Gewohnheiten von Muslimen. Arabische Begriffe wurden in europäische Sprachen übernommen oder angepasst.

2.1 mögliche geeignete Darstellungsform: **Mindmap**

Zentrum: wirtschaftliche und kulturelle Bedeutung der Kreuzzüge

- **Instrumente:** Laute, Gitarre
- **Sonstiges:** Talisman
- **Gefäße:** Tasse, Karaffe
- **Kleidung:** Gamasche
- **Waffen:** Arsenal
- **Freizeit/Spiel:** Schach
- **Nahrungsmittel:** Kümmel, Kaffee, Aprikose
- **Mathematik:** Ziffer, Algebra
- **Möbel:** Matratze, Sofa, Diwan

2.2 siehe ABC-Liste

3. mögliche Chancen: Handel, neues Wissen, z.B. in Architektur, Kleidung, Landwirtschaft, Medizin

mögliche Grenzen: interreligiöse Missverständnisse, wenige interreligiöse Ehen

ABC-Liste

	Thema: Die Kreuzzüge
A	Abendland, Al-Aqsa-Moschee, **Araber**
B	Berg Moriah
C	*Christentum*
D	*Dschihad*
E	
F	Felsendom, Fernhandel, **Franken**, Fürstentum Antiochia
G	Grabeskirche, Grafschaft Edessa, Grafschaft Tripolis
H	*„Heiliger Krieg"*, *„Heiliges Land"*, „Heilige Stadt", Hattin
I	*Islam*
J	Jerusalem, **Jesus**, *Judentum*
K	„Klagemauer", Königreich Jerusalem, **Kreuzfahrer**, Kreuzfahrerstaaten, *Kreuzzug*, **Kaiser Konstantin der Große**
L	
M	Medina, Mekka, **Muhammad**
N	
O	
P	Palästina, **Papst Urban II.**
Q	
R	Rom, **Römer**
S	**Sultan Saladin**
T	Tempelberg
U	
V	
W	
X	
Y	
Z	Zerstörung zweiter Tempel (70 n. Chr.)
Kategorien:	Gotteshäuser Orte/Länder **Personen/Heilige** *Religion*

ABC-Liste

Die Kreuzzüge

Die Amerikanische Revolution

Methodisch-didaktische Hinweise

Die Unabhängigkeitserklärung der 13 nordamerikanischen Kolonien von ihrem Mutterland Großbritannien 1776 kennzeichnet in Verbindung mit der erstmals in der Geschichte überhaupt abgegebenen Erklärung der Menschen- und Bürgerrechte einen revolutionären Akt. In der 1787 beschlossenen republikanischen Verfassung galt es, die revolutionären Errungenschaften zu sichern. Die praktische Umsetzung aufklärerischer Prinzipien wirkte zunächst nach Europa zurück. Dort förderte sie die Modernisierung zahlreicher Monarchien, beispielsweise in Frankreich. Die globale Strahlkraft der in den USA entstandenen freiheitlich-demokratischen Herrschaftsordnung ist bis heute ungebrochen.

Als Einstieg in das Kapitel dienen US-amerikanische und europäische Städtenamen, die sich nur durch das Präfix „New" unterscheiden. Auf die Erkenntnis, dass Europäer zahlreiche Städte in Amerika gründeten, drängen sich Fragen und Hypothesen, u. a. zu den Hintergründen dafür, auf. Die Lernenden unterscheiden bei den Motiven der Europäer, ab dem 17. Jahrhundert in den USA eine Siedlung oder Kolonie zu gründen, zwischen Push- und Pull-Faktoren.

Ausgehend vom Vergleich zweier Flaggen stellen die Lernenden im zweiten Modul Vermutungen zur Entstehung der USA an. Um diese Informationslücke zu füllen, arbeiten die Lernenden die Ursachen, Anlässe und den groben Verlauf des Krieges zwischen den nordamerikanischen Kolonien und Großbritannien heraus.

Die dritte Einheit thematisiert in personalisierter Form das Loyalitätsdilemma zwischen der Treue zum britischen Mutterland und der Treue zur neuen Heimat, mit dem sich die amerikanische Gesellschaft während des Unabhängigkeitskriegs konfrontiert sah. Am Beispiel der Familie Franklin wird verdeutlicht, dass im Falle Williams die Loyalität zur britischen Krone über der Liebe zum eigenen Vater, dem berühmten Universalgelehrten Benjamin Franklin, stand.

Die abschließende Einheit dieses Kapitels behandelt die entscheidenden Etappen auf dem Weg zur Gründung der USA. Entgegen der in Schulbüchern teils verkürzten Darstellungen ging der Krieg nach der Unabhängigkeitserklärung vom 4. Juli 1776 weiter. Erst mit der Verabschiedung der Verfassung im Jahr 1787 übertrugen die Einzelstaaten weitreichende Kompetenzen an einen mächtigen Bundesstaat, die Vereinigten Staaten von Amerika. In diesem Kontext wird den Lernenden auch die enorme Bedeutung der in weiten Teilen noch heute gültigen US-Verfassung deutlich.

Die Lernenden bereiten die zentralen Informationen des Kapitels in individuell gestalteten Memoflips auf. Dabei finden wichtige (Fach-)Begriffe Eingang in die ABC-Liste.

Anregungen zu digitalen Umsetzungen

Das Bildungsportal des Landes Niedersachsen stellt eine knapp kommentierte Übersicht an Links zu vielfältigen Materialien vom Unabhängigkeitskrieg bis in die gegenwärtige US-Politik bereit: *https://nibis.de/amerikanische-unabhaengigkeit-american-revolution_8264*

Unter den Links befindet sich die Website der Lernplattform für offenen Geschichtsunterricht (segu), die auf unterschiedlichen Schwierigkeitsstufen englischsprachige Module für den bilingualen Geschichtsunterricht anbietet: *https://segu-geschichte.de/american-history/*

Arbeitsaufträge　　　　　　　　　　　　　　　　Memoflip – Erstellung, Deckblatt und Register 1

> Gestalte ein Memoflip aus drei Blättern zum Thema „**Die Amerikanische Revolution**".
>
> Beschrifte die Register wie folgt:
> Deckblatt: Die Amerikanische Revolution
> Register 1: Warum wanderten Europäer ab dem 17. Jahrhundert nach Nordamerika aus?
> Register 2: Wie lösten sich die nordamerikanischen Kolonien vom britischen Mutterland?
> Register 3: Benjamin und William Franklin – getrennt durch den Unabhängigkeitskrieg
> Register 4: Die Vereinigten Staaten von Amerika – Staatenbund oder Bundesstaat?
> Register 5: ABC-Liste
>
> Befülle die Register deines Memoflips anhand der folgenden Aufgaben. Übertrage wichtige (Fach-)Begriffe in die ABC-Liste am Ende deines Memoflips. Gestalte dann das Deckblatt.

Register 1: Warum wanderten Europäer ab dem 17. Jahrhundert nach Nordamerika aus?

1. Sieh dir die Städtenamen (**M1**) an. Ordne sie den Kontinenten Europa oder Nordamerika zu. Formuliert im Klassenverband mögliche Fragen zu euren Beobachtungen.

Europa	Nordamerika

2.1 Lies den Text zur Auswanderung der Europäer nach Nordamerika (**M2**) und betrachte die Karte (**M3**). Begründe im Anschluss, warum Europäer ab dem 17. Jahrhundert nach Nordamerika auswanderten.

_____

_____

_____

2.2 Unterstreiche im Text **M2** die Push- (Was drückte die Menschen aus der Heimat?) und Pull-Faktoren (Welche Hoffnungen zogen sie nach Nordamerika?) in zwei Farben.

3.1 Erstelle für die Auswanderungsgründe eine geeignete Darstellungsform für dein Memoflip.

3.2 Übertrage wichtige (Fach-)Begriffe in die ABC-Liste am Ende deines Memoflips.

4. Auswanderung damals und heute: Diskutiert im Klassenverband Gemeinsamkeiten und Unterschiede (Gründe, Bevölkerungsgruppen …).

Memoflip – Register 1 — Materialien

M1 Städtenamen

> Amsterdam   Orléans   New Orleans   Germantown
> York   New Amsterdam   New York

M2 Warum wanderten Europäer ab dem 17. Jahrhundert nach Nordamerika aus?

1 Seit dem frühen 17. Jahrhundert gründeten englische Siedler an der nordamerikanischen Ostküste Kolonien. Virginia, die erste dieser Kolonien, wurde 1607 von englischen Kaufleuten und Adligen gegründet. Bei ihnen standen Wirtschafts- und Handelsinteressen im Vordergrund. Im 17. Jahrhundert flohen größtenteils weiße, junge Männer
5 vor Armut, Hunger und Unterdrückung nach Virginia. Die meisten von ihnen mussten die Kosten für ihre Überfahrt abarbeiten. Erst dann erhielten sie ihre persönliche Freiheit. Nur wenn sie auch Krankheiten und die Gegenwehr der einheimischen Bevölkerung überlebten, konnten sie ihre Hoffnung auf Land und bescheidenen Wohlstand verwirklichen. Tabak wurde zum wichtigsten Anbauprodukt.

10 Mit der Gründung der vier nördlichsten Kolonien, den Neuengland-Kolonien, wollten Siedler vor allem der religiösen Verfolgung in Europa entgehen. Im Jahr 1620 gelangten die Pilgerväter an Bord des Schiffes Mayflower von der englischen Hafenstadt Plymouth über die Niederlande nach Amerika. Strenggläubig richteten sie ihr Leben allein nach der Bibel aus. In Nordamerika wollten die Pilgerväter mit der Gründung von New Plymouth
15 eine neue, bessere Welt schaffen. Sie versuchten, sich – wegen der erlittenen Verfolgung in England – möglichst der Kontrolle des Staates zu entziehen. In der Folge entstanden an der Ostküste Nordamerikas weitere englische Kolonien.

Im Zuge einer Erkundungsreise eroberten auch die Niederlande Gebiete in Nordamerika. Der 1626 gegründete Hafen Neu-Amsterdam wurde zur Hauptstadt der Kolonie
20 Neu-Niederlande und zu einem wichtigen Handelsplatz für Pelze. 1664 eroberte eine englische Flotte Neu-Amsterdam. Der neue Eigentümer, der englische Herzog von York, diente fortan als Namensgeber für die Stadt und Kolonie New York.

Zwischen 1660 und 1714 überließ das englische Königshaus die Gründung neuer Kolonien verdienten
25 Untertanen. Zugleich sollten durch die Auswanderung weiterhin religiöse und soziale Konflikte in Europa entschärft werden. Im Jahr 1681 bekam der Quäker William Penn das Recht, seine Kolonie Pennsylvania zu gründen. In Europa wurden die Quäker verfolgt,
30 weil sie – religiös begründet – die Treue zu Herrschern und den Kriegsdienst verweigerten. Durch eine offene Religions- und günstige Landvergabepolitik zog Pennsylvania viele Siedler aus Europa an. 1683 folgten 13 Quäker- und Mennonitenfamilien aus dem Rheinland
35 land dem Werben William Penns. Unter dem deut-

William Penn (1644–1718)

© Tony Baggett / stock.adobe.com

schen Prediger Franz Daniel Pastorius gründeten sie die Siedlung Germantown. Seit 1854 gehört Germantown zu Pennsylvanias Hauptstadt Philadelphia.

Das relativ hohe Maß an Freiheit lockte europäische Siedler dauerhaft in die nordamerikanischen Kolonien. Weiße Landeigentümer hatten das Wahlrecht und bestimmten über wichtige Aufgaben vor Ort. In England durften deutlich weniger Männer wählen. Schon seit 1619 hatten die Siedler Virginias die erste, um 1700 hatten dann alle nordamerikanischen Kolonien gewählte Volksvertretungen. Oft beherrschten Farmer und Großgrundbesitzer die Volksvertretungen. In den nordamerikanischen Kolonien gab es zwar auch Besitzunterschiede, doch waren diese weit weniger stark als in Europa. Zudem gab es Mitte des 17. Jahrhunderts in den nordamerikanischen Kolonien beträchtliche Aufstiegschancen.

Bis 1733 entstanden an der nordamerikanischen Ostküste 13 höchst unterschiedliche Kolonien. Ab dem 18. Jahrhundert vereinten verschärfte Kämpfe gegen die einheimische Bevölkerung und die Kriege an der Seite Großbritanniens gegen Frankreich – um die Vorherrschaft in Nordamerika – dennoch allmählich die Siedler.

1718 wurde im Süden der französischen Kolonie Louisiana die Stadt La Nouvelle-Orléans gegründet. Sie bezog ihren Namen vom damaligen französischen Regenten und Herzog von Orléans, Philipp II. Im Jahr 1803 verkaufte Napoleon die Kolonie an die inzwischen gegründeten Vereinigten Staaten von Amerika. Nouvelle-Orléans wurde in New Orleans umbenannt. Mit dem Kauf beendeten die USA das französische Machtstreben in Nordamerika und eröffnete sich den Zugang in den Westen des Kontinents.

M3 Die 13 Kolonien

Register 2: Wie lösten sich die nordamerikanischen Kolonien vom britischen Mutterland?

1. Betrachte die beiden Flaggen (**M1**). Formuliere Fragen und Vermutungen dazu.

   _____
   _____
   _____

2. Lies den Text zur Lösung der nordamerikanischen Kolonien von Großbritannien (**M2**). Stelle Ursachen, Anlass, Verlauf und Folgen des Krieges dar.

   _____
   _____
   _____
   _____
   _____
   _____
   _____
   _____
   _____
   _____
   _____

3.1 Erstelle zum amerikanischen Unabhängigkeitskrieg (Ursachen, Anlass, Verlauf, Folgen) eine geeignete Darstellungsform für dein Memoflip.

3.2 Übertrage wichtige (Fach-)Begriffe in die ABC-Liste am Ende deines Memoflips.

4. Beurteile, inwiefern die Ereignisse in Nordamerika als Revolution gelten können.

   Tipp: Unter einer Revolution versteht man eine schnelle, tiefgreifende und gewaltsame Veränderung der politischen, gesellschaftlichen und/oder wirtschaftlichen Ordnung durch benachteiligte soziale Schichten.

   _____
   _____

Materialien Memoflip – Register 2

M1 Flaggen

Flagge der 13 nordamerikanischen Kolonien bis 1775

Flagge der 13 nordamerikanischen Staaten nach einem Beschluss des zweiten Kontinentalkongresses ab 1775

M2 Wie lösten sich die nordamerikanischen Kolonien vom britischen Mutterland?

Das Ende der wohlwollenden Vernachlässigung

1763 besiegte England Frankreich im Siebenjährigen Krieg, der auch in Nordamerika stattfand. Die Kosten für den Krieg belasteten England sehr. Die nordamerikanischen Siedler brachten es unter den ihnen gelassenen Freiheiten zu Wohlstand. Deshalb
5 wollte England die Kolonien nach Jahrhunderten wieder stärker kontrollieren: Teile des britischen Militärs sollten in Nordamerika bleiben, schärfere Grenzkontrollen den Schmuggel erschweren und die Verwaltung effizienter Zölle eintreiben. Zudem bestimmte der englische König Georg III. 1763 die westliche Grenze. So sollten weitere teure Kriege zwischen den Siedlern und der einheimischen Bevölkerung verhindert werden.
10 Zugleich konnten Siedler dadurch aber auch keine neuen Gebiete erobern.

„Keine Besteuerung ohne Vertretung" im britischen Parlament

In London wollte das britische Parlament mit neuen Gesetzen für die nordamerikanischen Kolonien die Einnahmen zusätzlich erhöhen. Auf Grundlage angelsächsischer Rechtstraditionen und der Aufklärung kritisierten viele Siedler die Gesetze. Sie glaubten,
15 ohne ihre eigene Zustimmung dürften im britischen Parlament keine Steuern von ihnen erhoben werden. Die Siedler sahen sich in London als nicht vertreten an („no taxation without representation" = „Keine Besteuerung ohne Vertretung").

Entstehung eines kolonialübergreifenden Widerstands

1765 regte sich im amerikanischen Volk heftiger Widerstand gegen zwei Gesetze: das
20 Einquartierungsgesetz (Pflicht für Siedler zur Unterbringung und Verpflegung britischer Truppen) und das Stempelsteuergesetz (Abgabe u. a. für Dokumente und Zeitungen). Nordamerikanische Abgeordnete schickten Protestschreiben nach London, kritische Flugschriften und Zeitungsartikel verbreiteten sich in Nordamerika. Vielerorts schlossen sich Siedler zum Widerstand zusammen. 1766 nahm das britische Parlament das Stem-
25 pelsteuergesetz zurück. Immer neue Steuern empfanden die Siedler als Angriffe auf ih-

ren wirtschaftlichen Erfolg und ihre Freiheiten. Auch bei der Unterbringung von Truppen kam es zu Konflikten. So auch in Boston, wo 1770 britische Soldaten fünf Amerikaner töteten. In nordamerikanischen Medien schrieb man vom „Boston Massacre".

Neue Steuern verhärten die Fronten

30 1773 beschloss das britische Parlament ein neues Teegesetz. Als drei britische Teeschiffe im Hafen von Boston ankamen, verhinderten aufgebrachte Einwohner ihre Entladung. Wenige Tage später enterten etwa hundert verkleidete Bostoner die Schiffe und warfen den Tee ins Wasser („Boston Tea Party"). Die Briten reagierten 1774 mit Zwangsgesetzen. Überall in Nordamerika folgten weitere Proteste.

*Verkleidete Bostoner werfen britischen Tee in das Hafenbecken.
Die Aktion wird als „Boston Tea Party" bekannt. Lithographie aus dem Jahr 1846.*

35 Der Konflikt eskaliert zum Krieg

1774 traten in Philadelphia Vertreter von zwölf der 13 nordamerikanischen Kolonien im ersten Kontinentalkongress zusammen. Sie veröffentlichten eine Erklärung für die Rechte der Siedler und einigten sich darauf, keine Waren aus Großbritannien mehr einzuführen. Ende 1774 kam es zu ersten Gefechten zwischen amerikanischen Milizen und
40 britischen Truppen. Der britisch-amerikanische Krieg hatte begonnen. König Georg III. erklärte die Amerikaner daraufhin – zur Empörung der Siedler – zu Rebellen. Der zweite Kontinentalkongress wirkte ab 1775 wie eine Regierung. Er stellte eine Armee auf, deren Oberbefehlshaber George Washington wurde.

Der britisch-amerikanische Krieg wird zum Unabhängigkeitskrieg

45 Viele Siedler wollten durch den Krieg Benachteiligungen abschaffen und so wieder die gleichen Rechte wie die Briten bekommen. War dieses Ziel erreicht, wollten sie sich wieder mit den Briten versöhnen. Der Schriftsteller Thomas Paine änderte mit seiner sich rasant verbreitenden Schrift „Common Sense" ab Anfang 1776 die Stimmung. Paine sprach sich darin für Amerikas Unabhängigkeit aus. Am 4. Juli 1776 sorgten die
50 13 Kolonien für einen Paukenschlag in der Menschheitsgeschichte: Sie erklärten ihre Unabhängigkeit vom britischen Königreich. Die Erklärung beinhaltete erstmals in der Geschichte Menschen- und Bürgerrechte. Die Idee, dass jeder Mensch von Geburt an gleiche, unveräußerliche Rechte besäße, verbreitete sich rasch weltweit und wirkt bis heute nach.

Arbeitsaufträge

Register 3: Benjamin und William Franklin – getrennt durch den Unabhängigkeitskrieg

1. Betrachte das Bild (**M1**). Formuliere Fragen dazu.

    Tipp: Pygmalion ist der Name eines Künstlers in der griechischen Mythologie. Er erschafft eine naturgetreue Statue einer Frau, in die er sich verliebt. Die Liebesgöttin erhört Pygmalions Flehen und lässt die Statue lebendig werden.

2.1 Lies den Text über Benjamin und William Franklin (**M2**). Arbeite zentrale Stationen in ihren Leben heraus.

2.2 Erkläre, wie es zum Bruch zwischen Benjamin und William Franklin kam.

3.1 Erstelle zur Entwicklung der Beziehung zwischen Benjamin und seinem Sohn William Franklin eine geeignete Darstellungsform für dein Memoflip.

3.2 Übertrage wichtige (Fach-)Begriffe in die ABC-Liste am Ende deines Memoflips.

4. „Wie der Vater, so der Sohn": Diskutiert im Klassenverband das Verhältnis berühmter Väter zu ihren Söhnen.

Die Amerikanische Revolution

M1 A Pygmalion

FRANKLIN, né en 1706, invente le Paratonnerre en 1758, meurt en 1790.

© Archivist/stock.adobe.com

Benjamin Franklin (re.) experimentiert mit seinem Sohn William (li.) während eines Unwetters. Text auf dem Bild: Ein Pygmalion – Franklin, geboren 1706, erfindet den Blitzableiter 1758, gestorben im Jahr 1790.

M2 Benjamin und William Franklin – getrennt durch den Unabhängigkeitskrieg

1 Der amerikanische Unabhängigkeitskrieg gilt nicht nur als Revolutions-, sondern auch als Unabhängigkeits- und Bürgerkrieg: Manche Bürger kämpften für die amerikanischen Kolonien, andere für das britische Kolonialreich. Die Spaltung ging sogar quer durch einzelne Familien, darunter die Familie Franklin.

5 **Prägung durch den berühmten Vater**

Benjamin Franklin galt als internationales Genie. Er feierte u. a. als Drucker, Erfinder, Wissenschaftler, Politiker und Schriftsteller große Erfolge. Benjamin hatte einen unehelichen Sohn namens William Franklin. Er wurde wahrscheinlich am 22. Februar 1730 in Philadelphia geboren. Benjamin erkannte William als seinen leiblichen Sohn an und
10 förderte ihn. William half ihm bei der Veröffentlichung seiner beliebten Jahrbücher, bei vielen seiner Experimente und erlernte das Druckhandwerk. Auch seine ersten beruflichen Anstellungen hatte William seinem Vater zu verdanken. So sicherte Benjamin seinem Sohn eine Beschäftigung im englischen Militär. Im Alter von 16 Jahren trat William

der Armee bei und erhielt 1747 den Rang eines Captains. Nachdem Benjamin Vertreter der nordamerikanischen Kolonien in England wurde, begleitete William ihn nach London. Ab 1759 studierte William dort Jura und wurde als Rechtsanwalt zugelassen. Inzwischen warb Benjamin erfolgreich für eine Ernennung seines Sohnes zum königlichen Gouverneur von New Jersey. William trat die Stelle in Amerika im Jahr 1763 an. Er erwies sich als fähiger und gegenüber England treuer Gouverneur.

Das Ende der harmonischen Vater-Sohn-Beziehung

Mit der Zuspitzung des Unabhängigkeitskrieges verschlechterte sich die Beziehung zwischen Benjamin und William Franklin. Benjamin kämpfte lange für eine Versöhnung zwischen Großbritannien und seinen Kolonien. Erst mit der Entlassung aus seinem Amt wegen der Beschuldigung, er wäre einseitig für die Aufständischen, wurde er tatsächlich zu einem glühenden Anhänger von ihnen. Vor diesem Hintergrund reiste Benjamin im August 1775 zu seinem Sohn nach New Jersey und drängte ihn zum Rücktritt von dessen Posten. Benjamin wollte, dass William für die Unabhängigkeit der nordamerikanischen Kolonien kämpfte. Dabei versicherte Benjamin seinem Sohn, er könnte wegen seiner militärischen Erfahrung und seiner Bekanntheit bald einen noch wichtigeren Posten in Nordamerika einnehmen. William widersetzte sich jedoch dem Rat seines Vaters. Er fühlte sich zur Treue gegenüber König Georg III. und England verpflichtet. In einer Rede machte William den Bruch zu seinem Vater öffentlich.

Williams Inhaftierung

Fortan kümmerte sich Benjamin Franklin nicht mehr um das Wohl seines Sohnes. Für ihn war er ein Verräter. William Franklin informierte die Briten heimlich über Aufständische. Nachdem diese einige seiner Briefe abgefangen hatten, setzten sie ihn zwischen Januar und Juni 1776 unter Hausarrest. Inzwischen formulierte Benjamin an der amerikanischen Unabhängigkeitserklärung mit, die er später auch unterzeichnete. Im Mai 1777 wurde William in eine Einzelzelle für zum Tode Verurteilte gesperrt, weil er sich weiterhin für England einsetzte. Wegen der Haftbedingungen verlor er seine Haare und Zähne.

Erfolgloser Versöhnungsversuch und Tod

In Folge eines Gefangenenaustausches im Dezember 1777 wurde William Franklin entlassen. 1778 ging er in das noch von Briten besetzte New York, um sie weiterhin zu unterstützen. 1782 wanderte er nach England aus. In London wurde er rasch zu einem wichtigen Sprecher der Unabhängigkeitsgegner. Trotzdem versuchte William, sich mit seinem Vater zu versöhnen. Im Jahr 1784 schrieb er in einem Brief an seinen Vater, dass er sich nur pflichtbewusst gegenüber dem englischen König verhielt und noch mal dieselbe Entscheidung träfe. Benjamin Franklin zeigte sich enttäuscht. Seinem Sohn war die Treue zum König wichtiger als die gegenüber ihm, seinem eigenen Vater. Dafür riskierte er sogar den guten Ruf der Familie. Benjamin starb im Jahr 1790. William litt für den Rest seines Lebens an den Folgen der Haftbedingungen. Er starb 1813 in London.

Register 4: Die Vereinigten Staaten von Amerika – Staatenbund oder Bundesstaat?

1.1 Die nordamerikanischen Kolonien erklärten sich am 4. Juli 1776 vom britischen Königreich für unabhängig. Damit standen die 13 Einzelstaaten vor der Frage, ob sie einen lockeren Zusammenschluss, einen Nationalstaat oder etwas Drittes bilden wollten. Es galt, die Errungenschaften des Krieges in einer Verfassung festzuhalten. Lies den Text über die Vereinigten Staaten von Amerika (**M1**). Liste mindestens vier Punkte auf, die eine damalige Verfassung klären sollte.

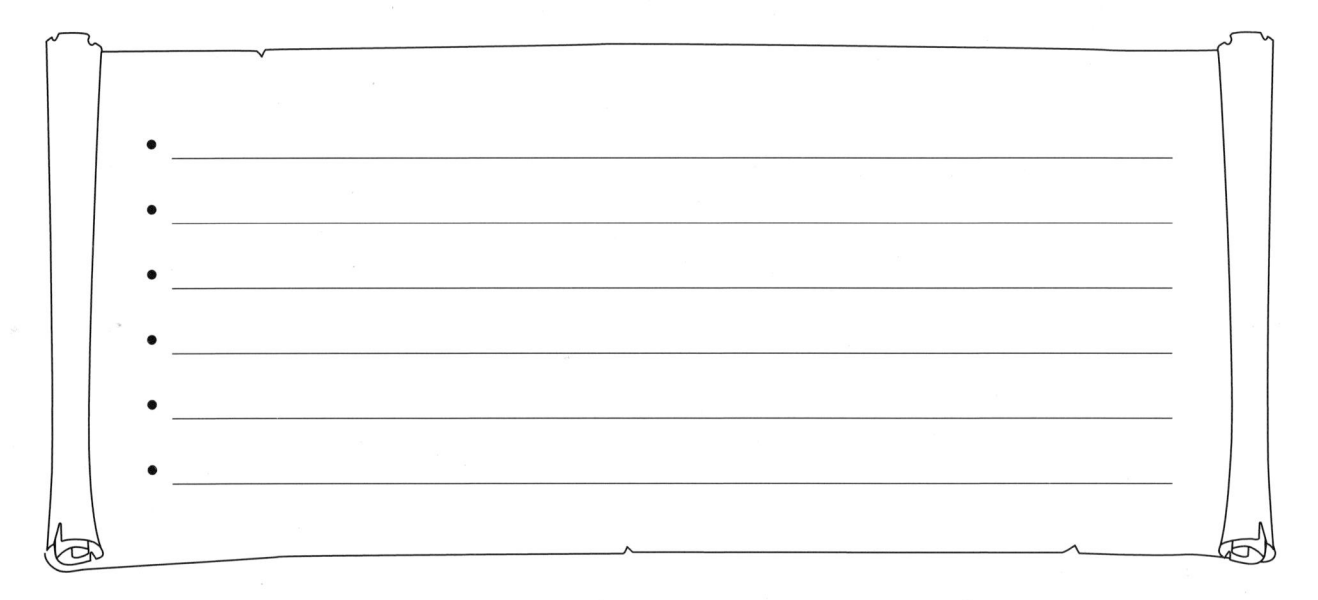

1.2 Charakterisiere mithilfe von **M1** die Bedeutung der US-Verfassung für die Vergangenheit und die Gegenwart.

2.1 Erstelle zur Entstehung der US-Verfassung eine geeignete Darstellungsform für dein Memoflip.

2.2 Übertrage wichtige (Fach-)Begriffe in die ABC-Liste am Ende deines Memoflips.

3. „All men are created equal" heißt es in der Unabhängigkeitserklärung. Diskutiert im Klassenverband, inwiefern die Formulierung auf die Situation in den USA um 1800 zutraf.

M1 Die Vereinigten Staaten von Amerika – Staatenbund oder Bundesstaat?

1 Der Krieg geht weiter – wachsende politische Teilhabe

Auch nach der Unabhängigkeitserklärung der nordamerikanischen Kolonien vom 4. Juli 1776 ging der Krieg gegen Großbritannien weiter. Sogar hinter den Fronten kam es zu bürgerkriegsähnlichen Zuständen zwischen Unterstützern der Aufständischen und
5 treuen Anhängern der britischen Krone. Im Zuge des Krieges interessierten sich breitere Teile der Bevölkerung für Politik. Viele Angehörige der unteren Klassen forderten – unter Bezug auf die Unabhängigkeitserklärung – nun auch ihre Rechte ein. Im Kriegsverlauf kam es zwar zu keiner Umwälzung der gesamten Gesellschaft, dennoch errangen Kleinbauern und Vertreter der unteren städtischen Klassen – auf Kosten der
10 bisherigen Eliten – vermehrt politische Macht.

International anerkannte Unabhängigkeit und Frieden

Nachdem sich der Krieg zugunsten der amerikanischen Revolutionäre zu wenden schien, erklärten auch Frankreich 1778 sowie Spanien und die Niederlande 1779 Großbritannien den Krieg. Mit zunehmenden Kriegskosten erhöhte sich auch die
15 Friedensbereitschaft der europäischen Mächte. Im Frieden von Paris erkannten sie 1783 die amerikanische Unabhängigkeit an.

Die gespaltenen Kolonien von Amerika

In Nordamerika hielt sich die Begeisterung über den Frieden in Grenzen. Wirtschaftliche Probleme infolge des Krieges und die Sklavenfrage spalteten die 13 inzwischen ehe-
20 maligen Kolonien zu sehr. Die bisherigen Eliten befürchteten durch eine Radikalisierung der Revolution chaotische Zustände. Durch Unruhen und Aufstände sahen sie ihre Ängste bestätigt.

Vom losen Staatenbund zum Bundesstaat

Der inzwischen ständig tagende Kontinentalkongress –
25 bestehend aus Vertretern aller 13 Einzelstaaten – entwarf im Jahr 1777 die „Artikel der Konföderation". Mit der Zustimmung zu den Artikeln schlossen sich die Staaten bis März 1781 zu einem lockeren Bund (Konföderation) zusammen. Die Staaten behielten ihre Unabhängigkeit. Damit war der Bund aber auf
30 Steuern aus den einzelnen Staaten angewiesen. Auf diese Weise schien die Konföderation unfähig, die wichtigsten Probleme der Nation zu lösen. Wegen anhaltender Kritik an den Konföderationsartikeln traten Vertreter von zwölf der 13 Staaten 1787 zusammen. Fast alle von ihnen, darunter auch
35 Benjamin Franklin und George Washington, hatten bereits in der Kolonialzeit politische Erfahrung gesammelt. Ihre größte Herausforderung war es, die Einzelstaaten davon zu überzeugen, Zuständigkeiten an einen dann mächtigeren Bundesstaat abzugeben.

Benjamin Franklin (1706–1790)

George Washington (1732–1799)

Die Verfassung von 1787

Das Ergebnis der Versammlung war noch 1787 eine Verfassung. Anders als in Europa teilte sie die Macht zwischen verschiedenen Personen und Einrichtungen sowie zwischen dem amerikanischen Staat und den Einzelstaaten auf. Eine zentrale Rolle nahm das Amt des Präsidenten ein. Das Wahlrecht blieb auf Männer mit Grundeigentum oder Geldeinkünften beschränkt. Weiterhin durften viele Männer wählen, da man in den USA leicht Land kaufen konnte. Die Verfassung vermied das Thema Sklaverei, um auch von den Südstaaten angenommen zu werden. Nach intensiven Diskussionen trat die Verfassung 1789 in Kraft.

Auswirkungen der Verfassung

Bis 1791 wurde die Verfassung noch um zehn Zusätze, die Bill of Rights, ergänzt. Diese Grundrechte, etwa Religions-, Meinungs- und Versammlungsfreiheit, nahmen auch die Sorge der letzten Einzelstaaten vor einem übermächtigen Bundesstaat. Zum ersten Präsidenten wurde 1789 George Washington gewählt. Die Verfassung von 1787 machte die USA in jeder Hinsicht, z. B. auf Landesverteidigung und Handel, handlungsfähiger als die Konföderationsartikel. Vor allem das Recht des Bundes, Steuern zu erheben, stabilisierte die Nation. Davon unbeachtet blieb in den Südstaaten etwa 90 Prozent der schwarzen Bevölkerung versklavt. In den Nordstaaten kam es dagegen allmählich zur Abschaffung der Sklaverei. Die US-Verfassung gilt als eine der ältesten noch gültigen schriftlichen Verfassungen der Welt. Sie blieb bis heute nahezu unverändert.

Erwartungshorizont

Register 1: Warum wanderten Europäer ab dem 17. Jahrhundert nach Nordamerika aus?

1.

Europa	Nordamerika
Amsterdam, York, Orléans	New Amsterdam, New York, New Orleans, Germantown (heute Stadtteil Philadelphias)

mögliche Fragen: Warum steht bei vielen (nord-)amerikanischen Städtenamen „New" vor der Bezeichnung? Wann wanderten Europäer nach (Nord-)Amerika aus? Aus welchen europäischen Gebieten wanderten Menschen nach (Nord-)Amerika aus?

2.1 Die Europäer wanderten zunächst wegen Wirtschafts- und Handelsinteressen nach Nordamerika aus. Viele Europäer entkamen Armut, Hunger, Unterdrückung und religiöser Verfolgung. Nach Nordamerika lockte sie die Aussicht auf persönliche Freiheiten, günstiges Land und (bescheidenen) Wohlstand. Die Herrschenden hofften, durch die Auswanderung religiöse und soziale Konflikte in Europa zu entschärfen. In den Kolonien waren die Gegensätze zwischen arm und reich kleiner als in Europa. Den Siedlern boten sich viele Aufstiegschancen.

2.2 Push-Faktoren: Armut, Hunger, Unterdrückung, religiöse Verfolgung, religiöse und soziale Konflikte in Europa
Pull-Faktoren: Wirtschafts- und Handelsinteressen, Aussicht auf persönliche Freiheiten, günstiges Land und (bescheidener) Wohlstand, Gegensätze zwischen arm und reich kleiner, Aufstiegschancen

3.1 mögliche geeignete Darstellungsform: **Cluster**

Cluster „Gründe, warum Europäer nach Nordamerika auswanderten":
- Hunger
- Armut
- Wirtschafts- und Handelsinteressen
- (bescheidener) Wohlstand
- religiöse Verfolgung
- günstiges Land
- Unterdrückung
- persönliche Freiheiten (z. B. Wahlrecht)
- religiöse und soziale Konflikte
- Aufstiegschancen
- geringere Gegensätze zwischen arm und reich

Die Amerikanische Revolution

3.2 siehe ABC-Liste

4. Gemeinsamkeiten: Ankömmlinge oft zunächst vor allem junge Männer, Motive, USA als Ziel
Unterschiede: Transportmittel (Bus, Zug, Flugzeug), Ankömmlinge zunächst Frauen, wenn für Männer ein Ausreiseverbot besteht

Register 2: Wie lösten sich die nordamerikanischen Kolonien vom britischen Mutterland?

1. mögliche Fragen: Warum/Wie lösen sich die Kolonien von Großbritannien?
Vermutungen: Konflikte mit dem Mutterland, Unabhängigkeit der Kolonien

2. siehe 3.1

3.1 mögliche geeignete Darstellungsform: **Mindmap**

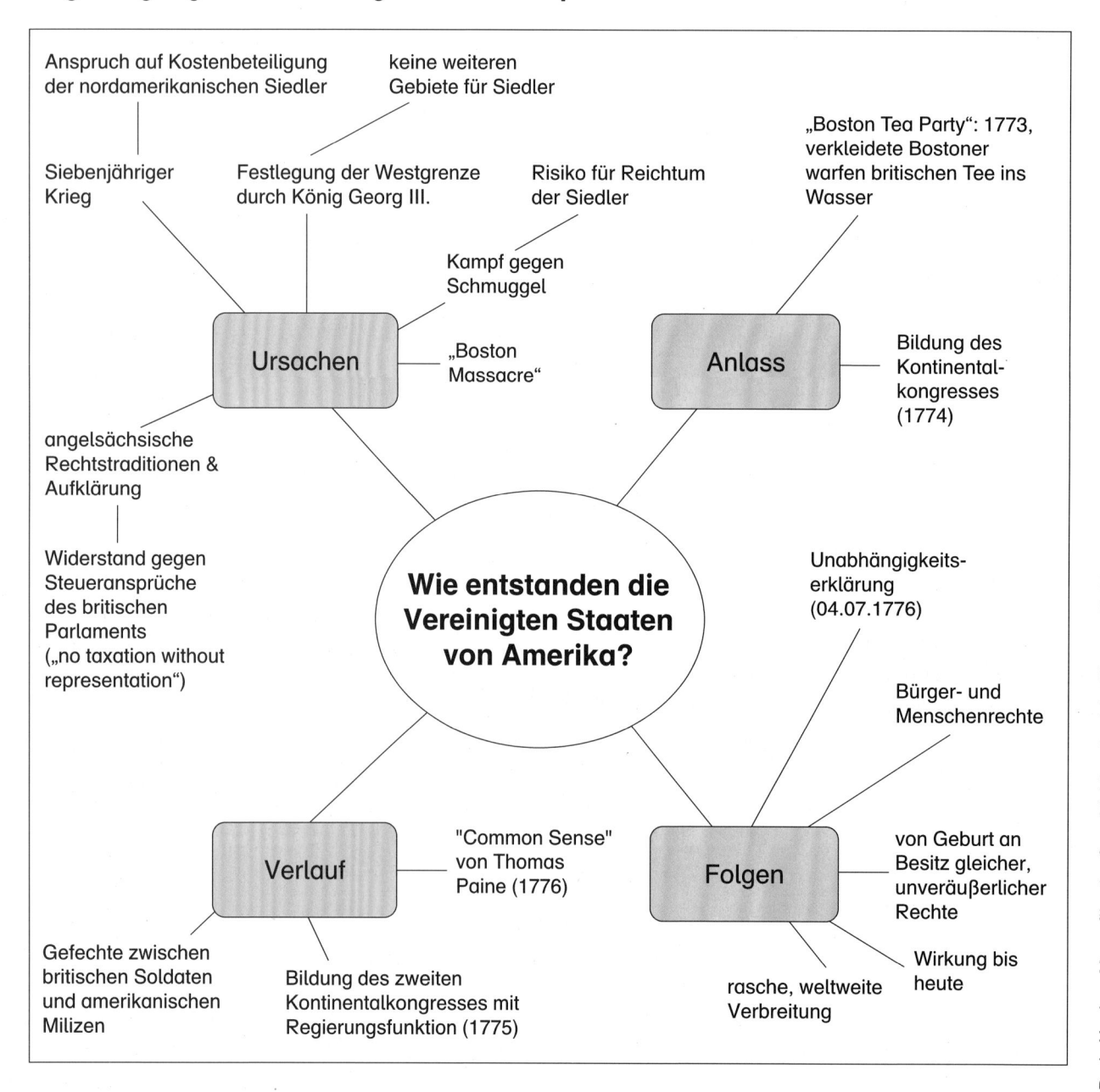

Wie entstanden die Vereinigten Staaten von Amerika?

Ursachen:
- Anspruch auf Kostenbeteiligung der nordamerikanischen Siedler
- keine weiteren Gebiete für Siedler
- Siebenjähriger Krieg
- Festlegung der Westgrenze durch König Georg III.
- Risiko für Reichtum der Siedler
- Kampf gegen Schmuggel
- „Boston Massacre"
- angelsächsische Rechtstraditionen & Aufklärung
- Widerstand gegen Steueransprüche des britischen Parlaments („no taxation without representation")

Anlass:
- „Boston Tea Party": 1773, verkleidete Bostoner warfen britischen Tee ins Wasser
- Bildung des Kontinentalkongresses (1774)

Verlauf:
- "Common Sense" von Thomas Paine (1776)
- Gefechte zwischen britischen Soldaten und amerikanischen Milizen
- Bildung des zweiten Kontinentalkongresses mit Regierungsfunktion (1775)

Folgen:
- Unabhängigkeitserklärung (04.07.1776)
- Bürger- und Menschenrechte
- von Geburt an Besitz gleicher, unveräußerlicher Rechte
- rasche, weltweite Verbreitung
- Wirkung bis heute

Die Amerikanische Revolution

3.2 siehe ABC-Liste

4. Pro Revolution: rascher und tiefgreifender Wandel in Politik, Wirtschaft und Gesellschaft, der durch Gewalt benachteiligter nordamerikanischer Siedler erkämpft wird
Kontra Revolution: nordamerikanische Siedler zielten auf die Bewahrung ihrer Rechte bzw. die Abschaffung von Benachteiligungen, um wieder gleiche Rechte wie die Briten zu bekommen

Register 3: Benjamin und William Franklin – getrennt durch den Unabhängigkeitskrieg

1. mögliche Fragen: In welcher Beziehung stehen die beiden Personen? Welche Experimente machen sie? Wem gilt die Liebe/Loyalität der beiden?

2.1 siehe 3.1

2.2 siehe 3.1

3.1 mögliche geeignete Darstellungsform: **Tabelle**

	Benjamin Franklin	**William Franklin**
unter britischer Kolonialherrschaft	internationales Genie	
	Anerkennung und Förderung Williams als leiblichen Sohn	
	William half bei Veröffentlichung von Jahrbüchern u. Experimenten	
		erlernte das Druckhandwerk
	Benjamin verhalf William zu Anstellungen im britischen Militär und als Gouverneur von New Jersey	
	Benjamin ging als Vertreter der Kolonien in Begleitung seines Sohnes nach England	
während des amerikanischen Unabhängigkeitskriegs (1775–1783)	Entlassung als Vertreter der Kolonien	
	Benjamin drängte seinen Sohn erfolglos zum Rücktritt	
	William Franklin machte Bruch zum Vater öffentlich	
	schrieb an amerikanischer Unabhängigkeitserklärung mit und unterzeichnete sie	Verhaftung durch Revolutionäre
		frei nach Gefangenenaustausch
		Auswanderung nach England
nach der amerikanischen Unabhängigkeit	erfolgloser Versöhnungsversuch Williams	
	1790 Tod Benjamin Franklins	1813 Tod William Franklins
Fazit: Der Unabhängigkeitskrieg wirkte sich entscheidend auf den Bruch in der Vater-Sohn-Beziehung zwischen Benjamin und William Franklin aus. Beide stellten ihre Loyalität gegenüber ihrer (empfundenen) Heimat über die Liebe zum Sohn bzw. Vater.		

3.2 siehe ABC-Liste

4. mögliche Beispiele: Ex-US-Präsident Bush, Prinz Charles

Register 4: Die Vereinigten Staaten von Amerika – Staatenbund oder Bundesstaat?

1.1 mögliche Aspekte: Staats- und Regierungsform, Funktion des Staatsoberhauptes, Kompetenzen der 13 Kolonien, Wahlberechtigte

1.2 historische Bedeutung: Dokument zur Sicherung der Errungenschaften der Revolution, Ergebnis eines Kompromisses aller 13 Staaten, universeller Wert der Grund- und Menschenrechte
gegenwärtige Bedeutung: Dokument der Beständigkeit in Zeiten des rasanten Wandels (älteste noch gültige schriftliche Verfassung), weltweites Vorbild, diskriminierende Elemente für Minderheiten

2.1 mögliche geeignete Darstellungsform: **Flussdiagramm**

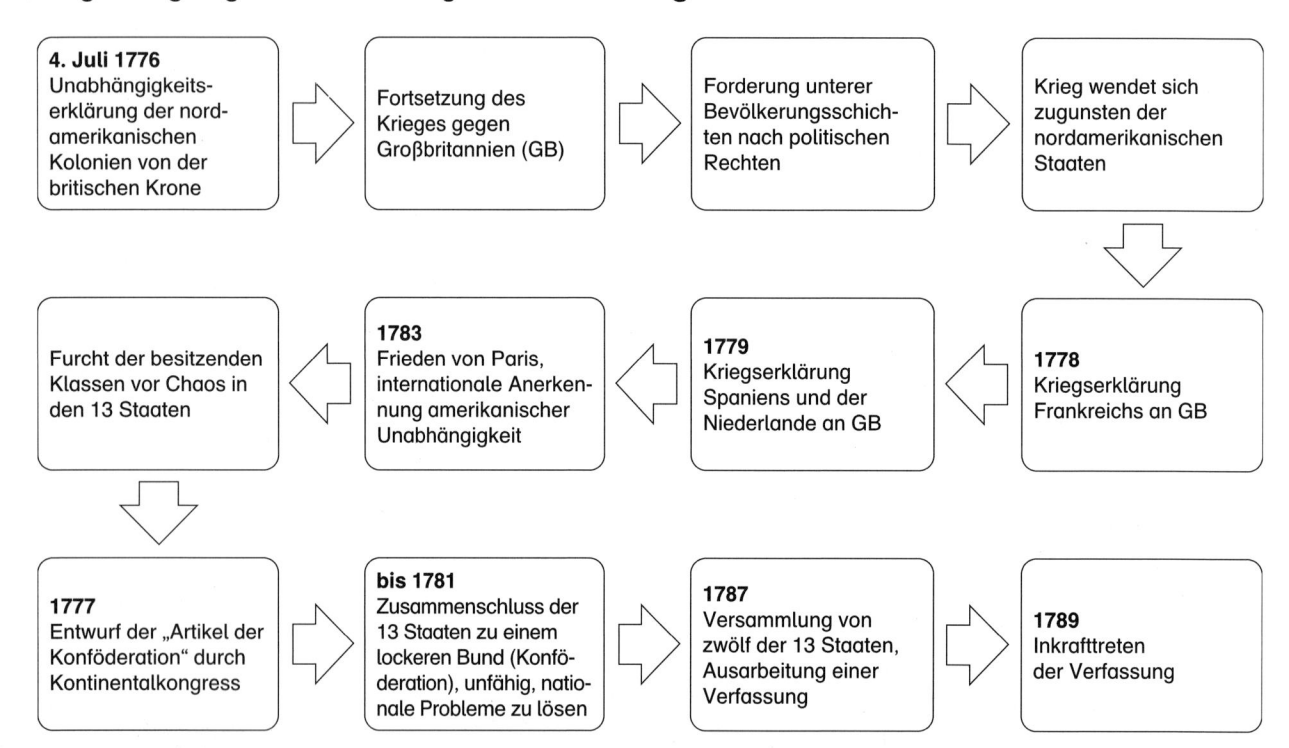

- **4. Juli 1776** Unabhängigkeitserklärung der nordamerikanischen Kolonien von der britischen Krone
- → Fortsetzung des Krieges gegen Großbritannien (GB)
- → Forderung unterer Bevölkerungsschichten nach politischen Rechten
- → Krieg wendet sich zugunsten der nordamerikanischen Staaten
- → **1778** Kriegserklärung Frankreichs an GB
- → **1779** Kriegserklärung Spaniens und der Niederlande an GB
- → **1783** Frieden von Paris, internationale Anerkennung amerikanischer Unabhängigkeit
- → Furcht der besitzenden Klassen vor Chaos in den 13 Staaten
- → **1777** Entwurf der „Artikel der Konföderation" durch Kontinentalkongress
- → **bis 1781** Zusammenschluss der 13 Staaten zu einem lockeren Bund (Konföderation), unfähig, nationale Probleme zu lösen
- → **1787** Versammlung von zwölf der 13 Staaten, Ausarbeitung einer Verfassung
- → **1789** Inkrafttreten der Verfassung

2.2 siehe ABC-Liste

3. zutreffend für Männer mit Grundeigentum oder Geldeinkünften, unzutreffend für Frauen, einheimische Bevölkerung, Schwarze, besitzlose Männer

ABC-Liste

	Thema: Die Amerikanische Revolution
A	Amerikanische Revolution, amerikanischer Unabhängigkeitskrieg, Aufklärung
B	**Benjamin Franklin**, Bill of Rights (1791), Boston, Boston Massacre, *Boston Tea Party (1773)*, britisches Parlament, Bundesstaat, Bürgerkrieg
C	Common Sense
D	
E	*Einquartierungsgesetz*, *Erklärung der Menschen- und Bürgerrechte*
F	Frankreich, **Franz Daniel Pastorius**, *Freiheit*
G	**Georg III.**, **George Washington**, Germantown
H	
I	„Indianer"
J	
K	König, Konföderation, Kontinentalkongress
L	London
M	Mayflower (1620), **Mennoniten**
N	Neu-Amsterdam, Neuengland-Kolonien, New York, Niederlande, nordamerikanische Kolonien
O	
P	Pennsylvania, Philadelphia, **Pilgerväter**, **Präsident**
Q	**Quäker**
R	Revolution, Revolutionskrieg
S	*Schmuggel*, *Siebenjähriger Krieg*, **Siedler**, *Sklaverei*, Spanien, Staaten, Staatenbund, *Stempelsteuergesetz*, *Steuern*
T	*Tabak*, **Thomas Paine**
U	Unabhängigkeitserklärung (4. Juli 1776), USA
V	Vereinigte Staaten von Amerika, Virginia, Volksvertretung, Verfassung (1787/89)
W	**William Franklin**, **William Penn**
X	
Y	
Z	*Zölle*
Kategorien:	Orte/Staaten **Personen** *Wirtschaft* Herrschaft/Macht

ABC-Liste

Die Amerikanische Revolution

Die Gesellschaft im Deutschen Kaiserreich (1871–1918)

Methodisch-didaktische Hinweise

Mit der Reichsgründung 1871 entstand relativ spät ein deutscher Nationalstaat. Obwohl die „verspätete Nation" infolge von drei siegreichen Kriegen „von oben" und nicht von Bürgern gegründet wurde, beinhaltete die Reichsverfassung sowohl obrigkeitsstaatliche als auch demokratische Elemente. Die für moderne Industrienationen des 19. Jahrhunderts typischen scharfen Klassengegensätze betrafen auch die Gesellschaft im Kaiserreich. In Zeiten rasanter Veränderungen boten die Phänomene des Nationalismus, Militarismus und Antisemitismus breiten Bevölkerungsschichten vermeintliche Orientierung und Sicherheit.

Die erste Lerneinheit behandelt den Aufbau der Gesellschaft im Deutschen Kaiserreich. Die Schüler*innen lernen verschiedene Bevölkerungsgruppen und ihre klar abgrenzbare gesellschaftliche Stellung um 1900 kennen. Dabei verstehen sie die eindeutige Zugehörigkeit zu einer Klasse als vereinfachte Darstellung.

Die zweite Lerneinheit behandelt die Bedeutung des deutschen Militarismus. An der Episode um Wilhelm Voigt, dem vermeintlichen Hauptmann von Köpenick, werden die Auswüchse des Militarismus in der wilhelminischen Gesellschaft verdeutlicht. Zugleich bietet die breite Rezeption der Geschichte vom Hauptmann von Köpenick spannende sozial- und mentalitätsgeschichtliche Erkenntnisse bis hin zur Gegenwart.

In der folgenden Einheit vertiefen die Schüler*innen ihre Kenntnisse über Kontinuitäten und Wandel im Hinblick auf die rechtliche und gesellschaftliche Situation von Frauen im Kaiserreich. Der Ausgangstext beinhaltet wichtige Etappen der Frauenbewegung bis zum Jahr 1918. Die Lernenden erkennen die Uneinigkeit in der Frauenbewegung – vor allem über Klassengrenzen hinaus. Ein knapper Exkurs zur englischen Frauenbewegung betont die Gemeinsamkeiten und Unterschiede im Bestreben beider Gruppen. Im Zentrum der Erarbeitungsphase steht das didaktische Prinzip der Differenzierung. Die Lernenden dürfen entsprechend ihres Kompetenzniveaus, ihrer Neigungen und ihres Lerntempos Aufgaben wählen.

Die letzte Einheit dieses Kapitels behandelt verschiedene Formen des Antisemitismus kurz vor und während der Zeit des Kaiserreichs. Die personifizierte Darstellung – am Beispiel des schwäbischen Juristen Robert Hirsch – ermöglicht den Lernenden einen empathischen Zugang zur Thematik. Die Lernenden erfahren durch Erlebnisse von Robert Hirsch die Diskrepanz zwischen der rechtlichen und der faktischen Stellung deutscher Juden*Jüdinnen im Kaiserreich.

Die Lernenden bereiten die zentralen Informationen des Kapitels in individuell gestalteten Memoflips auf. Dabei finden wichtige (Fach-)Begriffe Eingang in die ABC-Liste.

Anregungen zu digitalen Umsetzungen

Die Website Zeitklicks ist auf junge User*innen ausgerichtet und wird von der Bundesregierung unterstützt. Sie bietet ein multimediales Angebot, darunter Filmclips und Spiele, zur Politik und Alltagskultur des Kaiserreiches: *https://www.zeitklicks.de/kaiserzeit/zeitklicks/*

MrWissen2Go Geschichte, Moderator Mirko Drotschmann, erörtert in einem Clip, inwiefern das Deutsche Kaiserreich ein moderner oder rückwärtsgewandter Staat war: *https://www.ardmediathek.de/video/mrwissen2go-geschichte/deutsches-kaiserreich-besser-als-sein-ruf/funk/Y3JpZ-DovL2Z1bmsubmV0LzEyMDI0L3ZpZGVvLzE3NTk5NjA*

| Arbeitsaufträge | Memoflip – Erstellung, Deckblatt und Register 1 |

> Gestalte ein Memoflip aus drei Blättern zum Thema „**Die Gesellschaft im Deutschen Kaiserreich (1871–1918)**".
>
> Beschrifte die Register wie folgt:
> Deckblatt: Die Gesellschaft im Deutschen Kaiserreich (1871–1918)
> Register 1: Aufbau der Gesellschaft im Deutschen Kaiserreich
> Register 2: Militarismus im Kaiserreich am Beispiel des Hauptmanns von Köpenick
> Register 3: Frauen im Kaiserreich
> Register 4: Judenemanzipation und Antisemitismus am Beispiel der Familie Hirsch
> Register 5: ABC-Liste
>
> Befülle die Register deines Memoflips anhand der folgenden Aufgaben. Übertrage wichtige (Fach-)Begriffe in die ABC-Liste am Ende deines Memoflips. Gestalte dann das Deckblatt.

Register 1: Aufbau der Gesellschaft im Deutschen Kaiserreich

1.1 Betrachte das Gemälde (**M1**) und beschreibe es.

_____
_____

1.2 Überlege dir mögliche Ängste und Hoffnungen der Personen in der Bildmitte. Formuliere sie aus ihrer Sicht.

Tipp: Nutze die Formulierungshilfen (**M2**).

_____
_____

2. Lies den Text zum Aufbau der Gesellschaft im Deutschen Kaiserreich (**M3**). Charakterisiere die unterschiedlichen Klassen in der Gesellschaft.

_____
_____
_____

3.1 Erstelle zur Gesellschaft im Deutschen Kaiserreich eine Darstellungsform für dein Memoflip.

3.2 Übertrage wichtige (Fach-)Begriffe in die ABC-Liste am Ende deines Memoflips.

4. Überprüft im Klassenverband, ob das Deutsche Kaiserreich eine deutlich abgestufte Klassengesellschaft war.

Memoflip – Register 1   Materialien

M1 Bei der Stellenvermittlung (Gesinde-Vermietungsbureau)

Bei der Stellenvermittlung (Gesinde-Vermietungsbureau), Gemälde von Fritz Paulsen, 1881.

M2 Formulierungshilfen

Ich fürchte mich schon vor …	Bald …
Für meine Zukunft erhoffe ich …	Allmählich …
Hoffentlich …	Endlich …

58   Die Gesellschaft im Deutschen Kaiserreich (1871–1918)

M3 Aufbau der Gesellschaft im Deutschen Kaiserreich

Mit der Hochindustrialisierung vergrößerten sich die Gegensätze zwischen Arm und Reich im Deutschen Kaiserreich. Die gesellschaftlichen Gruppen unterschieden sich stark in Bereichen wie Kleidung, Lebensstil und Wohnverhältnissen. Um 1900 lebten sie streng voneinander getrennt in Klassen. Teils waren auch Gegensätze im Alter, dem Geschlecht, der regionalen Herkunft, zwischen Stadt und Land und den Konfessionen (Katholizismus und Protestantismus) wichtiger als die Zugehörigkeit zu einer Klasse. Die Klassengesellschaft blieb durch Bildung und Heirat für Aufsteiger eingeschränkt durchlässig. Die Abgrenzung galt besonders gegenüber den Unterschichten.

Am unteren Ende der Klassengesellschaft stand die in der Industrialisierung entstandene städtische Fabrikarbeiterschaft. Angehörige dieser Gruppe boten ihre Arbeitskraft Fabrikbesitzern für einen geringen Lohn. Auch Frauen mussten bei Arbeiterfamilien – vorwiegend durch Heim- oder Fabrikarbeit – zum Einkommen beitragen. Das Leben der Arbeiterschaft war von langen Arbeitszeiten, körperlich harter Arbeit und einer schlechten Wohnsituation geprägt.

Das Bürgertum gewann vor allem in Städten des Deutschen Kaiserreichs aufgrund von Besitz und Bildung großen Einfluss. Es umfasste Klein-, Bildungs- und Wirtschaftsbürger. Zum Kleinbürgertum gehörten Angestellte, Handwerker und Händler. Bildungsbürger waren Personen, die von ihrem Beruf nach dem Hochschulabschluss leben konnten, etwa Ärzte, Ingenieure, Rechtsanwälte und Beamte. Das Wirtschaftsbürgertum bestand vor allem aus Bankiers, Kaufleuten und Fabrikbesitzern. Erst ihre Finanzkraft ermöglichte den rasanten wirtschaftlichen Aufschwung des Kaiserreichs. In vielen bürgerlichen Familien arbeiteten Frauen nicht außer Haus. Sie waren für die Erziehung und den Haushalt zuständig. Dienstmädchen aus Arbeiterfamilien unterstützten sie meist dabei. Im Gegensatz zur Arbeiterschaft verstand sich das stark abgestufte Bürgertum kaum als eine „Klasse". Aus Furcht vor einer sozialistischen Revolution standen Angehörige des Bürgertums unversöhnlich der Arbeiterschaft gegenüber.

An der Spitze der Gesellschaft stand weiterhin der Adel. Adlige, darunter preußische Großgrundbesitzer, besetzten Schlüsselpositionen in Bürokratie, Militär und Politik. Militärs erlangten höchstes Ansehen, weil das Deutsche Kaiserreich als Ergebnis dreier siegreicher Kriege entstand. Adlige beschäftigten auf ihren Gütern oftmals Landarbeiter. Sie bildeten die ländliche Unterschicht. Einzelne Gruppen, wie Dienstboten und Rentner, lassen sich keiner Schicht eindeutig zuordnen.

Register 2: Militarismus im Kaiserreich am Beispiel des Hauptmanns von Köpenick

1. Nennt Personen-/Berufsgruppen, denen ein Denkmal gesetzt wurde. Stellt im Klassenverband Vermutungen an, warum vor einem Berliner Rathaus 1996 eine Statue für einen Betrüger errichtet wurde (**M1**).

2.1 Lies den Text zum Militarismus im Kaiserreich (**M2**). Begründe, warum der Militarismus im Deutschen Kaiserreich besonders stark ausgeprägt war.

2.2 Charakterisiere den Militarismus im Deutschen Kaiserreich mithilfe von **M2**.

2.3 Überprüfe die anfänglichen Vermutungen aus Aufgabe 1 mit deinem inzwischen erworbenen Hintergrundwissen.

3.1 Erstelle zum Militarismus im Kaiserreich eine geeignete Darstellungsform für dein Memoflip.

3.2 Übertrage wichtige (Fach-)Begriffe in die ABC-Liste am Ende deines Memoflips.

M1 Hauptmann von Köpenick

1996 errichtetes Denkmal für Friedrich Wilhelm Voigt, dem sogenannten Hauptmann von Köpenick, vor dem Berlin-Köpenicker Rathaus

M2 Militarismus im Kaiserreich am Beispiel des Hauptmanns von Köpenick

1 Militarismus im Deutschen Kaiserreich

Das Deutsche Kaiserreich entstand infolge dreier siegreicher Kriege Preußens: 1864 gegen Dänemark, 1866 gegen Österreich und 1870/1871 gegen Frankreich. Fortan genoss das Militär bei vielen Deutschen höchstes Ansehen. Militärische Denk- und Verhaltensweisen prägten verstärkt den Alltag. Kinder wuchsen mit Matrosenanzügen und Kriegsspielzeug auf; Männer trugen Uniformen und Kaiser-Wilhelm-Bärte. In der Schule lernten Jungen das Marschieren und Strammstehen. Als wahre „Schule der Nation" galt der Militärdienst. Er vereinte einen Großteil der Gesellschaft, darunter Arbeiter, Bauern und Bürger. Wer etwas gelten wollte, musste im Militär „gedient" haben. So kamen Reserveoffiziere beruflich leichter voran. Ab 1873 erinnerten reichsweite Feiern um den 2. September (Sedantag) an den entscheidenden Sieg über Frankreich 1870. Kriegervereine – 1913 hatten sie über 2,8 Millionen Mitglieder – förderten mit Fahnenappellen, Denkmälern und Paraden die Militarisierung der Gesellschaft. Die Friedensgesellschaft fand dagegen nur sehr schwachen Zulauf. Unter Kaiser Wilhelm II. (1888–1918), der eine Vorliebe für alles Soldatische hatte, erfuhr der Militarismus eine besonders starke Ausprägung.

Wilhelm Voigt – vom Häftling zum Hauptmann von Köpenick

1906 sorgte ein Vorfall im ganzen Kaiserreich für großes Aufsehen. Ein Hauptmann kommandierte Soldaten ins Köpenicker Rathaus, ließ es besetzen und ohne Angabe von Gründen den Bürgermeister und den Oberstadtsekretär verhaften. Der Kassenführer übergab dem Hauptmann ohne Bedenken die Gemeindekasse, mit der dieser verschwand. Doch damit nicht genug: Beim angeblichen Hauptmann von Köpenick handelte es sich tatsächlich um einen Betrüger namens Friedrich Wilhelm Voigt. Ab dem 14. Lebensjahr verbrachte er wegen Diebstahl und Fälschungen viele Jahre im Gefängnis. Wegen seiner Vorstrafen verhängte die Polizei gegen ihn u. a. in Berlin ein Aufenthaltsverbot. Dadurch hatte er es noch schwerer, auf ehrliche Art Geld zu verdienen. So fasste Wilhelm Voigt einen Plan: Er kaufte sich bei Händlern eine Uniform und versuchte als Hauptmann gekleidet, seiner ungünstigen Lage zu entkommen. Nach seiner Verhaftung verurteilte ihn ein Gericht zu vier Jahren Gefängnis. Knapp zwei Jahre später begnadigte Kaiser Wilhelm II. ihn.

Nachwirkung der Hochstapelei

Presseberichte machten den „Hauptmann von Köpenick" weltberühmt. Durch viele Postkarten, Fotos und Gedichte blieb seine Geschichte im allgemeinen Gedächtnis. Das Ereignis sorgte für Gelächter und Kopfschütteln über die deutsche Unterwürfigkeit gegenüber Uniformträgern: Warum folgten die Soldaten Befehlen einer unbekannten Person in Uniform – ohne nach Nachweisen zu fragen? Wie konnte ein anständiger Bürgermeister grundlos verhaftet werden? Nach seiner Entlassung trat Voigt auf Bühnen wieder als Hauptmann auf. Bei seinen Auftritten spottete er – zum Missfallen örtlicher Behörden – über Staat und Militär. Als meldepflichtiger Krimineller war er wiederholt Verhaftungen ausgesetzt. 1922 starb Voigt im Alter von 72 Jahren – infolge des Ersten Weltkriegs und der Inflation völlig verarmt – in Luxemburg. Die Geschichte vom Hauptmann von Köpenick lebt weiter: Bis heute dient sie zahlreichen Theaterstücken und Filmen als Vorlage.

Arbeitsaufträge | Memoflip – Register 3

Register 3: Frauen im Kaiserreich

1.1 Betrachte das Bild (**M1**). Stelle Vermutungen über die Gründe der Verhaftung an.

_____

_____

1.2 Gestalte Sprech-/Gedankenblasen zu den Personen in der Bildmitte. Beziehe dich dabei auf ihre möglichen (Auf-)Forderungen.

2. Lies den Text über Frauen im Kaiserreich (**M2**) und bearbeite mindestens drei der folgenden Aufgaben in deinem Heft/auf einem Blatt. Die Aufgaben dürfen horizontal (→), vertikal (↓) oder diagonal (↘) nebeneinander liegen.

2.1 Nenne Forderungen der Frauenrechtsbewegung.	**2.4** Charakterisiere die politische Lage der Frauen im Deutschen Kaiserreich.	**2.7** Überprüfe, inwiefern der Kampf um das Frauenwahlrecht die Frauenbewegung spaltete.
2.2 Beschreibe die bürgerliche Rollenverteilung zwischen Frauen und Männern im Deutschen Kaiserreich.	**2.5** Vergleiche die Methoden der englischen und deutschen Frauenrechtsbewegung.	**2.8** Bewerte die Mittel des Protests der Frauenrechtsbewegung in Großbritannien.
2.3 Stelle wichtige Etappen der Frauenbewegung zwischen der Mitte des 19. Jahrhunderts und dem Ende des Ersten Weltkrieges 1918 dar.	**2.6** Erstelle ein Poster (DIN-A4), das für Frauenrechte wirbt. Dein Poster enthält einen Slogan, eine farbige Zeichnung und Fakten zum Thema.	**2.9** Beurteile die These des Schweizer Historikers Jakob Tanner, der Durchbruch der Demokratie wäre das Ergebnis von Revolutionen.

3.1 Erstelle zur Frauenbewegung im Kaiserreich eine Darstellungsform für dein Memoflip.

3.2 Übertrage wichtige (Fach-)Begriffe in die ABC-Liste am Ende deines Memoflips.

M1 Emmeline Pankhurst

Festnahme der englischen Frauenrechtlerin Emmeline Pankhurst durch die Polizei beim Versuch, König Georg V. eine Petition zum Frauenwahlrecht am 21. Mai 1914 vor dem Buckingham-Palast in London zu überreichen.

M2 Frauen im Kaiserreich

1 Um das Jahr 1900 waren Frauen in vielen Ländern, darunter im Deutschen Kaiserreich, Männern rechtlich und politisch untergeordnet. Bei Reichstagswahlen durften nur Männer ab 25 Jahren wählen. Unter der Reichsebene durften nur sehr wenige reiche Frauen in Einzelstaaten wählen. Mancherorts musste ihre Stimme sogar durch einen Mann
5 abgegeben werden. Das 1900 eingeführte Bürgerliche Gesetzbuch festigte die reichsweite Benachteiligung von Frauen u. a. im Ehe-, Eigentums-, Eltern- und Erbrecht. Der Werdegang von Frauen war damals weitgehend vorgeschrieben: Nach der Grundschule arbeiteten Töchter aus der Unterschicht meist in der Landwirtschaft, als Dienstmädchen oder in Fabriken. Bürgerliche Mädchen besuchten – zur Vorbereitung auf ihre Rolle als
10 Hausfrau und Mutter – Schulen für höhere Töchter, die ähnliche Fächer, aber keinen ähnlichen Abschluss wie das Gymnasium boten. Männer wirkten dagegen in Beruf und Politik vermehrt außer Haus.

Einzelne bürgerliche Frauen engagierten sich ab Mitte des 19. Jahrhunderts vor allem in kirchlichen Reform- und Wohltätigkeitsvereinen. Für sie standen wirtschaftliche und soziale Probleme, u. a. im Arbeits- und Mutterschutz, im Vordergrund. Als erste überregionale Organisation forderte der 1865 gegründete Allgemeine Deutsche Frauenverein (ADF) u. a. das Recht auf gleiche Bildung sowie Lohngleichheit. 1914 waren im ADF etwa 500 000 Frauen organisiert. Der Kampf um das Wahlrecht spaltete die Frauenbewegung jedoch entlang konfessioneller, gesellschaftlicher und ideologischer Linien.

Der 1894 gegründete Bund Deutscher Frauenvereine (BDF) koordinierte die Ziele bürgerlicher Frauenklubs. Aus Rücksicht auf konservative Mitglieder und Angst vor einem Vereinsverbot verzichtete der BDF – im Gegensatz zur sozialdemokratischen Frauenbewegung – auf die Forderung nach dem Frauenwahlrecht. Frauen durften erst ab 1908 an politischen Vereinen und Versammlungen teilnehmen. Viele wohlhabende Frauen verlangten zwar für sich, nicht jedoch für Angehörige der unteren Schichten das Wahlrecht. Ab 1909 durften Frauen reichsweit regulär studieren, aber nicht in allen Fächern Prüfungen ablegen. So gab es u. a. nur wenige Anwältinnen, Ärztinnen und Wissenschaftlerinnen.

Unter Männern stieß die Frauenbewegung auf breite Ablehnung. Viele von ihnen ängstigten sich vor dem Lohndruck durch weibliche Konkurrenz. Obwohl Frauen eher als mögliche konservative und liberale Wählerinnen galten, forderte die SPD in ihrem Programm von 1891 – als einzige Partei – das Frauenwahlrecht. Nachdem ein Antrag im Reichstag 1895 auf breite Abwehr stieß, vernachlässigte die SPD die Forderung.

Um 1900 war die Frauenbewegung global vernetzt. In England machten Aktivistinnen in politischen Veranstaltungen durch Zwischenrufe und Banner auf das Frauenwahlrecht aufmerksam. Verhaftungen mit Hungerstreiks und Zwangsernährung führten zu gewaltsameren Protesten. Englische Aktivistinnen zertrümmerten Fensterscheiben, führten Straßenkämpfe mit der Polizei und verübten Anschläge auf Gebäude. Zeitungsberichte über die Aktionen bescherten der Frauenbewegung steigende Mitgliedszahlen und Spendengelder.

Im Ersten Weltkrieg leiteten Frauen aus ihrem Einsatz an der Heimatfront verstärkt die Forderung nach dem Wahlrecht ab. Mit der durch die Novemberrevolution 1918 verstärkten Demokratisierung Deutschlands erhielten Frauen ab 20 Jahren nach der Kriegsniederlage das aktive und passive Wahlrecht. Im selben Jahr wurde in Großbritannien das eingeschränkte Wahlrecht für Frauen ab dem Alter von 30 Jahren mit Mindestbesitz eingeführt. Erst ab 1928 waren britische Wählerinnen, die über 21 Jahre alt waren, Männern beim Wählen völlig gleichgestellt.

Register 4: Judenemanzipation und Antisemitismus am Beispiel der Familie Hirsch

1. Sammelt im Klassenverband spontane Gedanken zum Judentum in Deutschland. Unterscheidet zwischen Fakten und Vorurteilen.

2.1 Lies den Text zur Judenemanzipation und zum Antisemitismus (**M1**) und beschreibe das Verhältnis zwischen den Juden und der nichtjüdischen Mehrheitsgesellschaft im Deutschen Kaiserreich.

2.2 Überprüfe anschließend mithilfe des Berichts über Robert Hirsch (**M2**), welcher Form/welchen Formen der Judenfeindschaft Robert Hirsch ausgesetzt war.

> **Tipp:** In **M2** erwähnte Formen der Judenfeindschaft sind der Antijudaismus, der nationale Antisemitismus und der rassistische Antisemitismus.

3.1 Erstelle zur Familie Hirsch eine geeignete Darstellungsform für dein Memoflip.

3.2 Übertrage wichtige (Fach-)Begriffe in die ABC-Liste am Ende deines Memoflips.

4. Beurteilt im Klassenverband, inwiefern Robert Hirschs Leben sowohl beispielhaft für die Judenemanzipation als auch den Antisemitismus stehen kann.

> **Tipp:** Judenemanzipation = Gleichberechtigung von Juden
> Antisemitismus = Judenfeindschaft

M1 Judenemanzipation und Antisemitismus

1 Nach Jahrhunderten, in denen Juden immer wieder unter Ausgrenzungen und Verfolgungen zu leiden hatten, gewährte die Verfassung von 1871 ihre vollständige rechtliche Gleichstellung im Deutschen Kaiserreich (Judenemanzipation). Die meisten Juden bekannten sich sowohl zum Deutsch- als auch zum Judentum. Sie passten sich – durch
5 Mischehen und Taufen – verstärkt der Gesellschaft im Kaiserreich an (Assimilation). Schon vor 1871 nutzten Juden vielfach – über Besitz und ihren oft hohen Bildungsgrad – die Chancen zum gesellschaftlichen Aufstieg ins Bürgertum. Andere erstritten juristisch das Bürgerrecht.

Trotz der rechtlichen Gleichstellung und ihrer Anpassungen blieben Juden nach 1871
10 weiterhin im Alltag aus vielen Vereinen und von höheren Positionen im Staatsdienst, darunter in der Justiz, ausgeschlossen. Neben der gängigen religiös-wirtschaftlichen Judenfeindschaft (Antijudaismus) bezweifelten weite Kreise auch die Loyalität der als nationslos geltenden Juden (nationaler Antisemitismus). Dabei förderten jüdische Bankiers, Unternehmer und Wissenschaftler mit ihren Leistungen das Ansehen und die
15 Entwicklung des Kaiserreichs. Ende des 19. Jahrhunderts entwickelte sich eine neue Form des Judenhasses, wonach Juden als minderwertige Rasse galten (rassistischer Antisemitismus). Daran änderte auch ein Übertritt zum Christentum nichts. Für negativ erlebte Entwicklungen dienten die Juden als Sündenböcke. Ihnen sagte man nach, an der Zerstörung der nationalen Einheit zu arbeiten. Mit dem Ausbruch des Ersten Welt-
20 krieges hofften deutsche Juden durch ihren persönlichen Kriegseinsatz auf ein Ende der Diskriminierungen.

M2 Bericht über Robert Hirsch

Robert Hirsch wurde 1857 als vierzehnter Sohn eines Händlers für Herrenbekleidung in Tübingen im Königreich Württemberg geboren. Der folgende Bericht wurde 1991 vom Stadtarchiv Ulm auf Basis von Quellen, die ihm Robert Hirschs Nachfahren überließen, veröffentlicht.

1 Verschiedentlich musste er [als Schüler] erfahren, dass ihm christliche Mitschüler bei öffentlichen Preisverleihungen ungerechterweise vorgezogen wurden. […] In seinen Memoiren berichtet er: „Nach Abschluss des ersten Schuljahres wurde ich […] Klassenerster […]; bei der öffentlichen Schlussfeier […] wurde aber […] ich zum dritten Schul-
5 preis aufgerufen; vor der Festversammlung in der Aula erklärte ich dem […] Rektor […], diesen dritten Preis […] [hätte] ich nicht verdient und [nähme] ich nicht an; dieses Verhalten des sechsjährigen Knirpses erregte natürlich Aufsehen."

Im Herbst 1874 begann Robert Hirsch in seiner Heimatstadt das Studium der Rechtswissenschaft, das er trotz langer Kneipabende bei der Tübinger Landsmannschaft Ghibelli-
10 nia [Studentenverbindung] […] bereits nach acht Semestern abschloss. Seine 1876 eingereichte Bearbeitung einer akademischen Preisaufgabe […] erhielt einen Preis, 1881 wurde sie als Dissertation [Doktorarbeit] anerkannt. Nach ausgezeichneten Examina

[Prüfungen] und seinem in Ulm geleisteten Referendariat [Vorbereitungsdienst] stellte er sich dem Justizministerium zur Verwendung im Staatsdienst zur Verfügung.

15 Bereits zu Beginn seiner Laufbahn musste er [im Jahr 1880] erkennen, dass das Justizministerium der staatsbürgerlichen Loyalität eines Juden misstraute. […]

[…] Auch auf den weiteren Stationen seiner […] Beamtenlaufbahn als stellvertretender Amtsrichter […] gelang es Robert Hirsch, bald die Anerkennung und Freundschaft der Vorgesetzten, Kollegen und Honoratioren [sehr angesehener Bürger] zu gewinnen. […]

20 Allerdings zeigte es sich nun, dass Robert Hirschs Bewerbungen auf „definitive Amtsrichter- und Hilfsstaatsanwaltsstellen", von denen er in den Jahren 1884 bis 1886 nicht weniger als 40 verfasste, ausnahmslos abschlägig beschieden wurden. Es war offensichtlich, dass ihm Kollegen geringeren Dienstalters und schlechterer Zeugnisse vorgezogen wurden. Auf Anraten […] ersuchte Robert Hirsch schließlich um eine Audienz
25 [Empfang] bei dem damaligen württembergischen Justizminister […], die ihm […] 1886 gewährt wurde. Im Verlauf der Unterredung legte ihm der Minister nahe[,] aus dem Staatsdienst auszuscheiden und sich als Rechtsanwalt niederzulassen […]. [Nachdem Robert Hirsch dieses Ansinnen ablehnte,] trat der Minister ans Fenster und trommelte ungeduldig an den Fensterscheiben. Nach einer Weile […] wandte [er] sich an [Robert
30 Hirsch] mit den Worten: „Nun, dann will ich Ihnen sagen, ich nehme Anstand an Ihrer Konfession. Wir haben nun drei Israeliten [Juden] angestellt, was schon mehr ist, als dem Prozentsatz der jüdischen Bevölkerung entspricht. […]"

So musste Robert Hirsch seinen langgehegten Berufswunsch begraben. Er ließ sich [1886] in Ulm […] nieder. [Er wurde in den Ausschuss der Nationalliberalen Partei und
35 zum stellvertretenden Vorsitzenden des israelitischen Vorsteheramtes in Ulm gewählt.] Über sein weiteres Schicksal [wird] berichtet […]: „[…] Im Ersten Weltkrieg bestellte ihn die spanische Regierung als Schutzmacht zur Wahrung der Rechte französischer Kriegsgefangener. […]"

[…] Robert Hirsch hatte zwei Söhne, die beide in die Fußstapfen des Vaters traten. Doch
40 nur der ältere, Leopold Hirsch, konnte – nach seiner Entlassung aus amerikanischer Kriegsgefangenschaft – als promovierter Jurist – in die Rechtsanwaltspraxis seines Vaters eintreten. [Für seinen Kriegseinsatz zugunsten des Deutschen Reiches wurde er mehrfach ausgezeichnet.] Der jüngere, der Referendar Otto Hirsch, fiel […] 1915 […] im Gefecht am Hilsenfirst [, einem hart umkämpften Berg in den französischen Vogesen.
45 Als Kriegsfreiwilliger der Württembergischen Schneeschuhkompanie erhielt er die württembergische Militär-Verdienst-Medaille in Silber.]

aus: Stadtarchiv Ulm (Hg.), Zeugnisse zur Geschichte der Juden in Ulm – Erinnerungen und Dokumente, Ebner Verlag/typofilm ulm/rudi rampf gmbh, Ort, 1991, S. 13ff.

Erwartungshorizont

Register 1: Aufbau der Gesellschaft im Deutschen Kaiserreich

1.1 Eine sehr detaillierte Beschreibung und Interpretation des Gemäldes ist unter https://www.dhm.de/lemo/bestand/objekt/k1000053 zu finden.

1.2 mögliche Ängste/Hoffnungen der Städterin: Hoffentlich nimmt sie die Stelle an. Endlich werde ich nicht mehr selbst stillen müssen. Bald haust eine Fremde bei uns.
mögliche Ängste/Hoffnungen der Vermittlerin: Hoffentlich stellt die Kundin sie ein. Hoffentlich weiß sich die Bäuerin zu benehmen. Endlich erhalte ich meine Provision.
mögliche Ängste/Hoffnungen der Bäuerin: Ich fürchte mich schon vor der Arbeit. Bald wohne ich bei Fremden. Hoffentlich zahlen die Herrschaften gut.

2. siehe 3.1

3.1 mögliche geeignete Darstellungsform: **Mindmap**

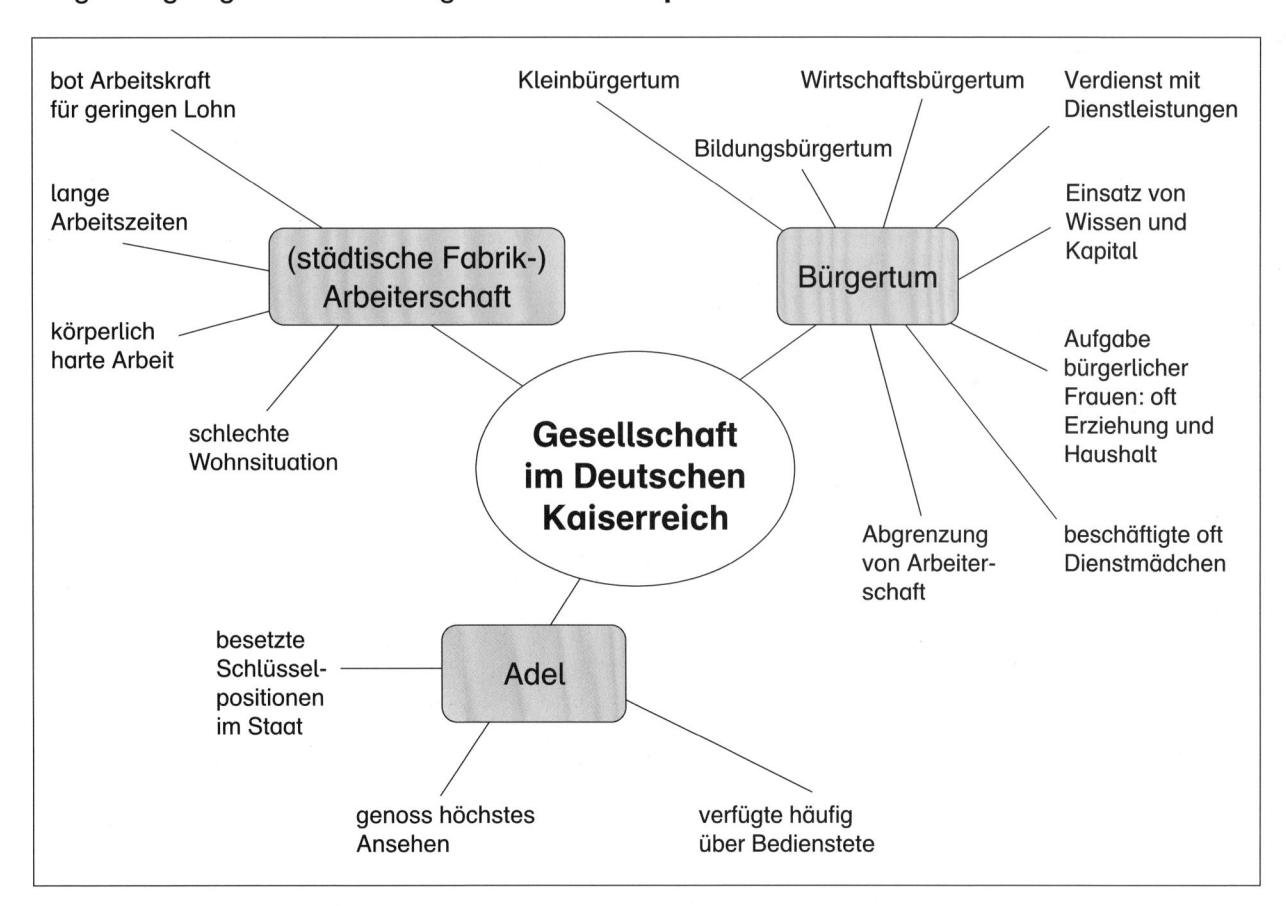

Mindmap – Zentrum: **Gesellschaft im Deutschen Kaiserreich**

- **(städtische Fabrik-)Arbeiterschaft**
  - bot Arbeitskraft für geringen Lohn
  - lange Arbeitszeiten
  - körperlich harte Arbeit
  - schlechte Wohnsituation

- **Bürgertum**
  - Kleinbürgertum
  - Wirtschaftsbürgertum
  - Bildungsbürgertum
  - Verdienst mit Dienstleistungen
  - Einsatz von Wissen und Kapital
  - Aufgabe bürgerlicher Frauen: oft Erziehung und Haushalt
  - beschäftigte oft Dienstmädchen
  - Abgrenzung von Arbeiterschaft

- **Adel**
  - besetzte Schlüsselpositionen im Staat
  - genoss höchstes Ansehen
  - verfügte häufig über Bedienstete

3.2 siehe ABC-Liste

4. Neben den Klassengegensätzen prägten auch Unterschiede im Alter, dem Geschlecht, der regionalen Herkunft, zwischen Stadt und Land und den Konfessionen die Gesellschaft. Ein Aufstieg durch Bildung und Heirat in eine andere Klasse war selten. Gruppen, wie Dienstboten und Rentner, lassen sich keiner Klasse eindeutig zuordnen.

Register 2: Militarismus im Kaiserreich am Beispiel des Hauptmanns von Köpenick

1. Unter anderem wurden berühmten Soldaten, Politikern, Schauspielern, Sportlern und auch Tieren schon Denkmäler gesetzt.
mögliche Vermutungen: Der Betrüger linkte Angestellte oder er belog den Bürgermeister. Er erschlich sich Leistungen.

2.1 Das Deutsche Kaiserreich entstand infolge dreier siegreicher Kriege gegen Nachbarländer. Darum hatte das Militär bei vielen Deutschen höchstes Ansehen.

2.2 Militärische Denk- und Verhaltensweisen prägten den Alltag. Bei Kindern und Männern waren Uniformen in Mode. In der Schule lernten Jungen militärische Verhaltensweisen. Der Militärdienst vereinte verschiedene Klassen. Für den beruflichen Aufstieg und gesellschaftliches Ansehen galt er als notwendig. Nationale Feiern erinnerten an den Sieg über Frankreich und Kriegervereine wurden zu Massenorganisationen. Wilhelm II. pflegte eine besondere Vorliebe für Militärisches.

2.3 Friedrich Wilhelm Voigt nutzte, verkleidet als „Hauptmann von Köpenick", die besonders starke Ausprägung des Militarismus im Kaiserreich aus. Er befehligte Soldaten zum Köpenicker Rathaus, ließ den Bürgermeister und Oberstadtsekretär verhaften und verschwand mit der Gemeindekasse. Zahlreiche Medien griffen die Geschichte auf. Die Episode machte den „Hauptmann von Köpenick" bekannt.

3.1 mögliche geeignete Darstellungsform: **Mesostichon**

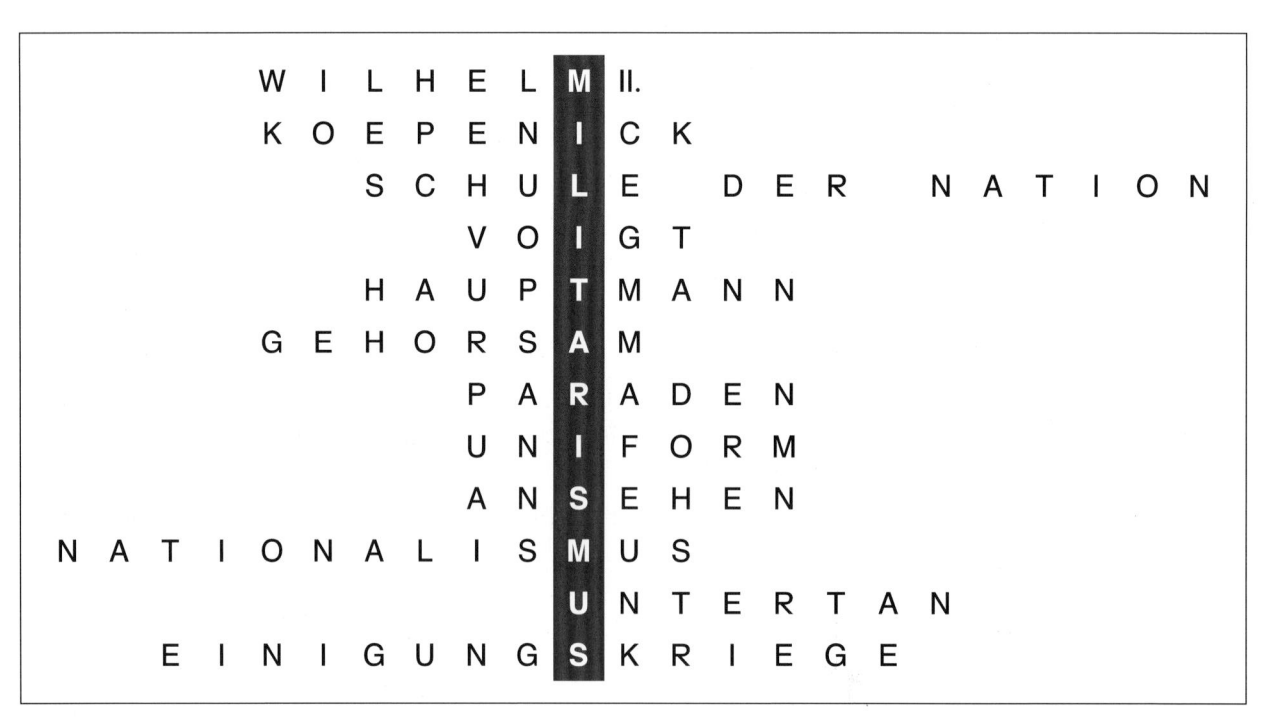

```
            W I L H E L M II.
            K O E P E N I C K
                S C H U L E   D E R   N A T I O N
                    V O I G T
                H A U P T M A N N
        G E H O R S A M
                P A R A D E N
                U N I F O R M
                A N S E H E N
N A T I O N A L I S M U S
                    U N T E R T A N
            E I N I G U N G S K R I E G E
```

3.2 siehe ABC-Liste

Register 3: Frauen im Kaiserreich

1.1 mögliche Vermutungen: Ihr Auftritt war illegal / unangemeldet. Die Forderungen waren unerwünscht.

1.2 Emmeline Pankhurst: Gleiche Rechte für alle! Wahlrecht für Frauen!
Polizisten: Schäm' dich! Du wirst nichts ändern! Die Festnahme hast du provoziert!

2.

2.1 Forderungen der Frauenrechtsbewegung: Verbesserungen im Arbeits- und Mutterschutz, gleiche Löhne, das Recht auf Bildung, das Wahlrecht

2.2 Bürgerliche Frauen prägten als Hausfrau und Mutter den privaten Bereich. Männer wirkten dagegen in Beruf und Politik stärker in der Öffentlichkeit.

2.3 siehe 3.1

2.4 Frauen waren auf vielfältige Weise benachteiligt. Dadurch war ihr Lebensweg oft vorgezeichnet. Arbeiterinnen waren vor allem als Dienstmädchen oder in Fabriken, bürgerliche Frauen als Hausfrau und Mutter tätig. Männer dominierten das öffentliche Leben. Die Forderungen der Frauenbewegung lehnten sie mehrheitlich ab.

2.5 Die englische Frauenrechtsbewegung war deutlich gewaltsamer als die deutsche. Aktivistinnen wurden verhaftet und bei Hungerstreiks zwangsernährt. Dadurch radikalisierten sich die Proteste: Aktivistinnen zertrümmerten Fensterscheiben, führten Straßenkämpfe und setzten Gebäude in Brand.

2.6 individuelle Lösungen

2.7 Deutsche Aktivistinnen vertraten nicht über konfessionelle, gesellschaftliche und ideologische Grenzen hinweg dieselben Ziele. Die sozialdemokratische Frauenbewegung forderte das Frauenwahlrecht. Dagegen verzichtete der Bund Deutscher Frauenvereine wegen seiner konservativen Mitglieder und Angst vor einem Vereinsverbot darauf. Viele wohlhabende Frauen forderten für sich, aber nicht für untere Schichten, das Wahlrecht.

2.8 mögliche negative Aspekte: Die Proteste verstießen gegen Gesetze, die Aktivistinnen verursachten Sach- und Personenschäden.
mögliche positive Aspekte: Die Aktivistinnen riskierten durch spektakuläre Aktionen für ihre politischen Ideale ihr Leben und zogen so Aufmerksamkeit auf ihre Anliegen.

2.9 Unterstützung der These: Die Revolution 1918 sorgte für den Durchbruch der Demokratie in Deutschland, die mit der Einführung des Frauenwahlrechts ab 20 Jahren einherging.
Widerlegung der These: In Großbritannien errangen Frauen nicht durch eine Revolution, sondern erst durch allmähliche Entwicklungen das Wahlrecht: 1918 das eingeschränkte Wahlrecht ab 30 Jahren mit Besitz, 1928 die Ausweitung des Wahlrechts ab 21 Jahren.

3.1 mögliche geeignete Darstellungsform: **Zeitstrahl**

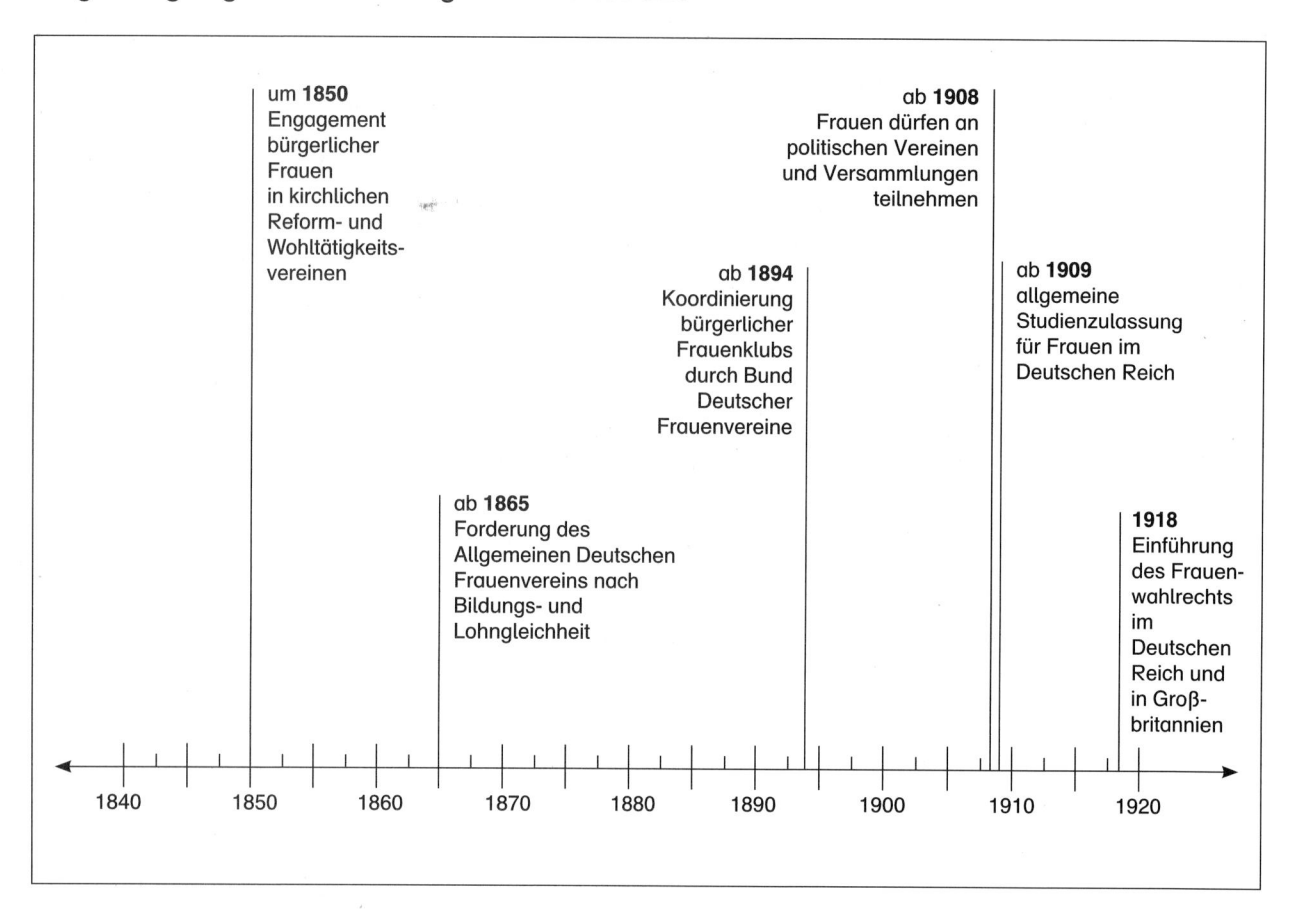

um 1850 Engagement bürgerlicher Frauen in kirchlichen Reform- und Wohltätigkeitsvereinen

ab 1865 Forderung des Allgemeinen Deutschen Frauenvereins nach Bildungs- und Lohngleichheit

ab 1894 Koordinierung bürgerlicher Frauenklubs durch Bund Deutscher Frauenvereine

ab 1908 Frauen dürfen an politischen Vereinen und Versammlungen teilnehmen

ab 1909 allgemeine Studienzulassung für Frauen im Deutschen Reich

1918 Einführung des Frauenwahlrechts im Deutschen Reich und in Großbritannien

(Zeitachse: 1840 – 1850 – 1860 – 1870 – 1880 – 1890 – 1900 – 1910 – 1920)

3.2 siehe ABC-Liste

Register 4: Judenemanzipation und Antisemitismus am Beispiel der Familie Hirsch

1. Vorurteile: undifferenzierte Aussagen wie „Juden sind reich und einflussreich."
   Fakten: Im Mittelalter wurden Juden ausgegrenzt. Im Judentum ist Bildung sehr wichtig. Deutsche Juden prägten mit ihrem Einsatz und ihren Leistungen das Kaiserreich. In Nazi-Deutschland wurden ca. 6 Millionen Juden ermordet.

2.1 Trotz der rechtlichen Gleichstellung und ihrer Anpassungen, u. a. durch Mischehen und Taufen, blieben Juden weiterhin im Alltag und von höheren Positionen im Staatsdienst ausgeschlossen. Im Kaiserreich war eine judenfeindliche Haltung weit verbreitet: Neben dem traditionellen Antijudaismus zweifelten große Teile der Gesellschaft an ihrer nationalen Loyalität.

2.2 Robert Hirsch sah sich bei Bewerbungen mit der religiösen Judenfeindschaft (Antijudaismus) konfrontiert. Der württembergische Justizminister gestand Robert Hirsch, dass er seine Religion ablehnte. Der Anteil der im Ministerium beschäftigten Juden übersteige schon den der jüdischen Bevölkerung. Grundsätzlich bestanden bei staatlichen Stellen Zweifel an „der staatsbürgerlichen Loyalität eines Juden" (nationaler Antisemitismus). Im Text steht nicht mehr, dass Robert Hirsch während der NS-Diktatur auch nachweislich dem rassistischen Antisemitismus ausgesetzt war.

3.1 mögliche geeignete Darstellungsform: **Mesostichon**

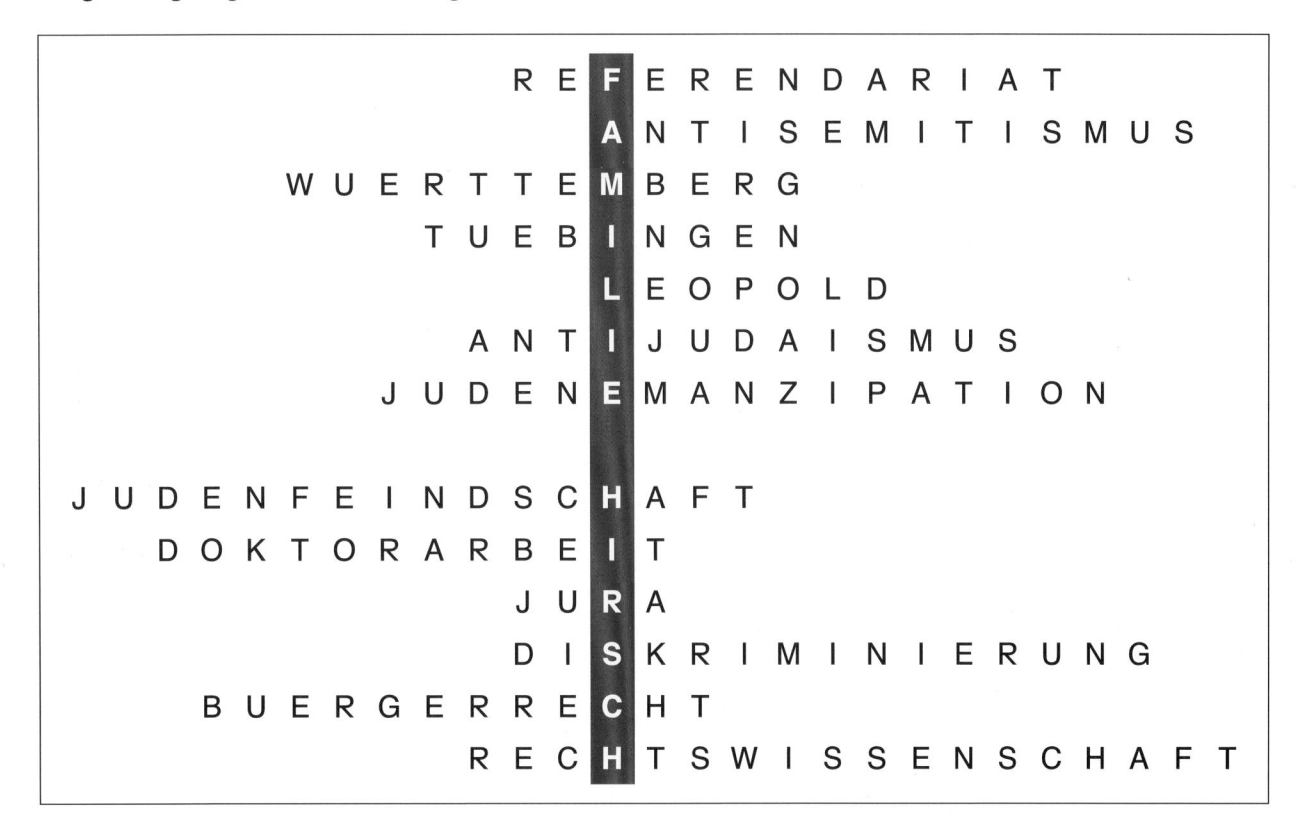

```
                        R E F E R E N D A R I A T
                          A N T I S E M I T I S M U S
            W U E R T T E M B E R G
                    T U E B I N G E N
                            L E O P O L D
                    A N T I J U D A I S M U S
                J U D E N E M A N Z I P A T I O N

        J U D E N F E I N D S C H A F T
        D O K T O R A R B E I T
                        J U R A
                    D I S K R I M I N I E R U N G
        B U E R G E R R E C H T
                    R E C H T S W I S S E N S C H A F T
```

3.2 siehe ABC-Liste

4. beispielhaft für Judenemanzipation: Studium der Rechtswissenschaft, Kneipabende bei Tübinger Studentenverbindung, Doktorarbeit, Anstellung als stellvertretender Amtsrichter, Kriegseinsätze seiner Söhne für das Deutsche Kaiserreich mit Auszeichnungen
beispielhaft für Antisemitismus: Benachteiligung bei schulischer Preisverleihung, Bevorzugung von Kollegen mit geringerem Dienstalter und schlechteren Zeugnissen bei Beförderungen, Druck zum Ausscheiden aus Staatsdienst wegen seiner Religion

Die Gesellschaft im Deutschen Kaiserreich (1871–1918)

ABC-Liste

	Thema: Die Gesellschaft im Deutschen Kaiserreich (1871–1918)
A	Adel, **Akti**vistinnen, *Allgemeiner Deutscher Frauenverein (1865)*, Antijudaismus, Antisemitismus, Arbeiterschaft, Assimilation
B	*Bund Deutscher Frauenvereine (1894), Bürgerliches Gesetzbuch (1900), Bildungsbürgertum*
C	
D	Demokratisierung, Denkmal, *Deutsches Kaiserreich (1871–1918)*
E	**Emmeline Pankhurst**, Erster Weltkrieg
F	*Fabrik*, Frauenbewegung, **Frauen**rechtlerin, **Frauen**wahlrecht (1918), **Friedrich Wilhelm Voigt**
G	Gleichstellung
H	**Hauptmann von Köpenick**, *Heimatfront*, Hochindustrialisierung
I	Industrialisierung
J	Judenemanzipation, Judenfeindschaft
K	Kaiser, *Klassengesellschaft, Kleinbürgertum, Kriegervereine*
L	*Lohngleichheit*
M	Militär, *Militarisierung, Militarismus, Mutterschutz*
N	Nation, nationaler Antisemitismus, Nationalismus, Novemberrevolution (1918)
O	
P	
Q	
R	rassistischer *Antisemitismus*, Revolution *(1918)*, **Robert Hirsch**
S	*SPD, Studentenverbindung*
T	
U	Uniform
V	Vereinsverbot
W	Wahlrecht, **Wilhelm II.**, *Wirtschaftsbürgertum*
X	
Y	
Z	
Kategorien:	Herrschaft/Macht **Personen** *Gesellschaft/Kultur*
	ABC-Liste

Die Kuba-Krise

Methodisch-didaktische Hinweise

Durch die Stationierung sowjetischer Atomraketen auf Kuba wurde der Inselstaat in der Karibik 1962 zum Schauplatz einer heißen Phase des Kalten Krieges. Die Kuba-Krise gilt aufgrund der erfolgreichen Deeskalation der direkten atomaren Gegenüberstellung zwischen den USA und der UdSSR auch als ein Wendepunkt im Kalten Krieg. Unmittelbar an der Schwelle zum Atomkrieg führten Vereinbarungen beider Supermächte zu einer globalen Phase der Entspannung. Die Eiszeit zwischen Kuba und den USA überdauerte dagegen den Kalten Krieg. Durch seine geopolitische Bedeutung – als sozialistischer Einparteienstaat nur etwa 250 km vor der Küste Floridas – nimmt Kuba bis heute eine Sonderstellung in den internationalen Beziehungen ein.

Der Beginn des Kapitels thematisiert die Ursachen und den Anlass der Kuba-Krise. Die Kolonisierung Kubas von 1492 bis zur formalen Unabhängigkeit 1902 und die Kubanische Revolution 1959 bilden Schwerpunkte des Moduls. In diesem Kontext erfolgt eine Charakterisierung der kubanisch-amerikanischen und kubanisch-sowjetischen Beziehungen sowie eine Beurteilung der Ereignisse um 1959.

Die zweite Lerneinheit behandelt mit knappen Darstellungen und Textquellen den Verlauf der Kuba-Krise. Anhand der Chronologie der Ereignisse beurteilen die Schüler*innen, inwieweit während des Konflikts die Gefahr einer Eskalation und damit eines globalen Atomkriegs drohte.

Die dritte Lerneinheit skizziert die Lebenswege von Fidel und Raúl Castro. In personalisierter Form wird die von den beiden Castro-Brüdern angeführte Revolution gegen die von den USA unterstützte Militärdiktatur als Ursache des bis heute andauernden Konflikts zwischen beiden Staaten dargestellt. Durch das Herausarbeiten von Elementen, die die Herrschaft der Castros stabilisierten, wird verständlich, dass die Kubanische Revolution weiterhin die Legitimation des sozialistischen Einparteienstaats bildet. Zudem wird problematisiert, inwiefern die krankheits- bzw. altersbedingten Machtübergaben der Castros einen Umbruch der sozialistischen Ära auf Kuba einläuten.

Den Abschluss des Kapitels bildet eine Internetrecherche zur aktuellen politischen, sozialen und wirtschaftlichen Situation Kubas. Zahlreiche, in knappen Sätzen beschriebene Links stehen als mögliche Ausgangspunkte für die Recherche bereit.

Die Lernenden bereiten die zentralen Informationen des Kapitels in individuell gestalteten Memoflips auf. Dabei finden wichtige (Fach-)Begriffe Eingang in die ABC-Liste.

Anregungen zu digitalen Umsetzungen

Die Lernplattform für offenen Geschichtsunterricht (segu) stellt Aufgaben zur Kuba-Krise zur Verfügung: *https://segu-geschichte.de/kubakrise/*

Die Chronologie der Krise wird durch eine Webdokumentation von Planet Schule, die vor allem aus Videoclips mit Zeitzeug*inneninterviews und Fotos besteht, schüler*innenorientiert veranschaulicht: *https://webdoku.planet-schule.de/kuba-krise#2210*

MrWissen2Go Geschichte, Moderator Mirko Drotschmann, präsentiert in diesem Videoclip die Chronologie der Kuba-Krise: *https://www.zdf.de/funk/mrwissen2go-geschichte-12024/funk-kuba-krise-die-welt-vor-dem-atomkrieg-102.html*

Memoflip – Erstellung, Deckblatt und Register 1 Arbeitsaufträge

> Gestalte ein Memoflip aus drei Blättern zum Thema **„Die Kuba-Krise"**.
>
> Beschrifte die Register wie folgt:
> Deckblatt: Die Kuba-Krise
> Register 1: Kuba – von der Kolonie zur Unabhängigkeit
> Register 2: Wie konnte 1962 ein globaler Atomkrieg verhindert werden?
> Register 3: Fidel und Raúl Castro – Leben in Diensten der Kubanischen Revolution
> Register 4: Kuba heute
> Register 5: ABC-Liste
>
> Befülle die Register deines Memoflips anhand der folgenden Aufgaben. Übertrage wichtige (Fach-)Begriffe in die ABC-Liste am Ende deines Memoflips. Gestalte dann dein Deckblatt.

Register 1: Kuba – von der Kolonie zur Unabhängigkeit

1. Betrachte das Bild (**M1**). Formuliere Fragen und Vermutungen zu dem Protest.

   _____

   _____

2.1 Lies den Text über die Entwicklung von Kuba (**M2**) und arbeite die Ursachen der Krise heraus.

   _____

   _____

2.2 Charakterisiere das kubanisch-sowjetische oder das US-amerikanisch-kubanische Verhältnis zu Beginn der Kuba-Krise.

   _____

   _____

2.3 Erläutere den Anlass der Kuba-Krise.

   _____

3.1 Erstelle zu den Ursachen der Kuba-Krise eine geeignete Darstellungsform für dein Memoflip.

3.2 Übertrage wichtige (Fach-)Begriffe in die ABC-Liste am Ende deines Memoflips.

4. Diskutiert im Klassenverband, inwiefern es sich bei den Ereignissen zwischen 1953 und 1959 um eine Revolution handelte.

M1 Demonstration für eine friedliche Beilegung der Kuba-Krise

US-Friedensaktivistinnen in Washington D.C., 47. Straße, nahe dem Hauptquartier der Vereinten Nationen, Oktober 1962.

© akg-images

M2 Kuba – von der Kolonie zur Unabhängigkeit

1 Nach dem Zweiten Weltkrieg entwickelten sich die beiden wichtigsten Siegermächte, die USA und die Sowjetunion, zu Supermächten. Ihre gegensätzlichen Weltanschauungen – mit dem liberaldemokratischen System im Westen und dem kommunistischen System im Osten – teilten Europa bis in die 1960er Jahre weitgehend in zwei Lager. Beide Super-
5 mächte versuchten nun, afrikanische, asiatische und lateinamerikanische Staaten für ihren Einflussbereich zu gewinnen. Dabei drohte der Kalte Krieg ausgerechnet bei einer Krise um die Karibikinsel Kuba heiß zu werden.

Kubas langer Kampf um die Unabhängigkeit

Christoph Kolumbus nahm Kuba 1492 für das spanische Kolonialreich in Besitz. Ab
10 Ende des 18. Jahrhunderts dominierte die Zuckerproduktion Kubas Wirtschaft. Die spanische Herrschaft sicherte die Zufuhr von Sklaven und den Schutz vor Aufständen. Im 19. Jahrhundert wurden die USA zum eindeutig wichtigsten Handelspartner Kubas: US-Unternehmen investierten vor allem in die kubanische Zuckerindustrie. Ihre Produkte verkauften sie wiederum bevorzugt an die USA. 1898 griffen die USA vor allem aus
15 Wirtschaftsinteressen gegen Spanien in den kubanischen Unabhängigkeitskrieg ein, als dieser schon zugunsten der Aufständischen vorentschieden schien. Nach Spaniens Niederlage gewährten die USA Kuba 1902 formal die lang ersehnte Unabhängigkeit.

Die USA kontrollierten jedoch weiterhin durch die Sicherung von Gebieten, einseitige Handelsverträge und mehrere militärische Eingriffe die Politik und Wirtschaft Kubas. 1952 kam General Fulgencio Batista durch einen unblutigen Sturz des gewählten Präsidenten an die Macht. Die USA unterstützten Batista, weil er einen antikommunistischen Kurs verfolgte und US-Investitionen sicherte. Die von Batista errichtete Militärdiktatur setzte die in der Verfassung verankerten Grundrechte außer Kraft. Ihre Gegner wurden verhaftet, gefoltert und ermordet. Unter Batista stiegen Armut und Korruption.

Die Kubanische Revolution

1953 scheiterte ein von Fidel Castro angeführter Aufstand gegen die Militärdiktatur. In mehrjährigen Gebirgs- und Straßenkämpfen bezwangen die zunächst nur wenigen Aufständischen schließlich 1959 die zahlenmäßig deutlich überlegene Batista-Armee. Bei einem zunehmenden Teil der Bevölkerung fanden die revolutionären Ziele allmählich Zuspruch. Nach der Flucht Batistas übernahm der Revolutionsführer Fidel Castro die Macht. Unter ihm ermordeten Erschießungskommandos – zum Entsetzen der USA – mögliche Anhänger der Batista-Diktatur. Die Revolutionäre zielten vor allem auf eine größere Unabhängigkeit Kubas von den USA. Von ihnen durchgeführte Verstaatlichungen von Banken, Industrie und Landwirtschaft kosteten US-Konzerne Milliarden. Die USA verhängten daraufhin eine Handelsblockade gegen Kuba.

Annäherung an die Sowjetunion und Bruch mit den USA

Die Konfrontation mit den USA drängte Kuba zur Suche nach einer neuen Schutzmacht, die es schon ab 1960 in der Sowjetunion fand. Im Gegenzug für Wirtschaftshilfen und Abnahmegarantien für Zucker bot Kuba der UdSSR vor der US-Küste einen Stützpunkt. Stark verunsichert über die Absichten der Revolutionäre plante die US-Regierung den Sturz Castros. Für die USA galt es, eine Ausbreitung des Kommunismus unbedingt zu verhindern. 1961 scheiterte jedoch ein Einmarschversuch durch in den USA lebende, bewaffnete und trainierte Kubaner („Invasion in der Schweinebucht"). Die schlimmste Befürchtung der USA trat nun ein: Castro erklärte Kuba zum ersten sozialistischen Staat der westlichen Hemisphäre.

Die UdSSR begann daraufhin Kuba aufzurüsten. Schon seit 1959 hatten die USA Atomraketen in Italien und der Türkei stationiert und auf sowjetisches Gebiet gerichtet. Am 14. Oktober 1962 entdeckte ein US-Aufklärungsflugzeug sowjetische Raketenabschussrampen mit Atomraketen auf Kuba. Die Raketen konnten innerhalb von Minuten viele US-Städte erreichen und vernichten. Berater drängten US-Präsident John F. Kennedy zu einem Luftschlag und einem Einmarsch in Kuba. Er versetzte die US-Streitkräfte in höchste Alarmbereitschaft. Die Kuba-Krise brachte die Welt an den Rand eines atomaren Weltkrieges.

Arbeitsaufträge — Memoflip – Register 2

Register 2: Wie konnte 1962 ein globaler Atomkrieg verhindert werden?

1.1 Lies die Schlagzeilen (**M1**). Stelle Fragen zum Verlauf der Kuba-Krise.

_____
_____
_____

1.2 Lies den Briefwechsel (**M2**). Stelle Vorwürfe und Angebote beider Seiten im Verlauf der Kuba-Krise dar.

_____
_____
_____
_____
_____
_____
_____
_____

2.1 Erstelle zum Verlauf der Kuba-Krise eine geeignete Darstellungsform für dein Memoflip.

2.2 Übertrage wichtige (Fach-)Begriffe in die ABC-Liste am Ende deines Memoflips.

3. Beurteilt im Klassenverband, inwiefern eine Eskalation mit einem Atomkrieg während der Kuba-Krise drohte.

John F. Kennedy — *Nikita Chruschtschow* — *Fidel Castro*

© Natata/Shutterstock

Die Kuba-Krise

M1 Schlagzeilen

Schlagzeilen zur Kuba-Krise

M2 Briefwechsel zwischen Kennedy und Chruschtschow

22. Oktober 1962: „Unsere Nation ist gegen den Krieg"

In einer Rundfunk- und Fernsehansprache äußert sich US-Präsident John F. Kennedy erstmals nach Entdeckung sowjetischer Atomraketen auf Kuba:

[…] Diese rasche Umwandlung Kubas in einen wichtigen strategischen Stützpunkt – durch das Vorhandensein dieser großen, weitreichenden und eindeutig offensiven Waffen der plötzlichen Massenvernichtung – stellt eine ausdrückliche Bedrohung des Friedens und der Sicherheit […] dar. […] Ich habe daher im Interesse der Verteidigung unserer eigenen Sicherheit und der der gesamten westlichen Hemisphäre sowie im Rahmen der Vollmacht, mit der ich durch die Verfassung betraut und die durch die Resolution des Kongresses bekräftigt wurde, […] angeordnet, dass […] eine strikte Sperre für alle offensiven militärischen Ausrüstungen, die auf dem Seeweg nach Kuba gebracht werden, eingeführt [wird].

zit. nach Bulletin der Europäischen Wirtschaftsgemeinschaft, Nr. 3/1962, Amt für amtliche Veröffentlichungen der Europäischen Gemeinschaften, Luxemburg, S. 568–570; amtliche Übers.

23. Oktober 1962: Kennedy entscheidet sich gegen einen Angriff der USA auf Kuba, da befürchtet wird, dass die dortigen Raketen nicht vollständig auszuschalten sind.

In der Folgezeit versuchen US-Präsident Kennedy und der sowjetische Staats- und Parteichef Chruschtschow in Geheimverhandlungen, die Kuba-Krise zu entschärfen.

26. Oktober 1962: „Piratenhafte Maßnahmen" der USA wie „im Mittelalter"

Auszug aus einem Brief Chruschtschows als Reaktion auf Kennedys Ansprache vom 22., seinen Befehl einer Seeblockade um Kuba vom 24. und seinen Brief vom 25. Oktober 1962:
Ich versichere Ihnen […], dass Ihre Schlussfolgerungen in Bezug auf Offensivwaffen auf Kuba vollkommen unbegründet sind. […] Alle Waffen dort […] sind ausschließlich zu Verteidigungszwecken in Kuba gedacht und wir haben sie auf Bitten der kubanischen Regierung nach Kuba entsandt. […] Sie haben nun piratenhafte Maßnahmen der Art angekündigt, die man im Mittelalter praktiziert hat, als man Schiffe überfiel, die internationale Gewässer befuhren; und Sie haben das eine „Quarantäne" um Kuba genannt. Unsere Schiffe werden wahrscheinlich bald die Zone erreichen, in der Ihre Kriegsmarine patrouilliert. […] Lassen Sie uns deshalb staatsmännische Klugheit beweisen. Ich schlage vor: Wir erklären […], dass unsere Schiffe mit Kurs auf Kuba keine Waffen an Bord haben. Sie erklären, dass die Vereinigten Staaten weder […] eine Invasion in Kuba durchführen werden noch andere Truppen unterstützen werden, die eine Invasion in Kuba planen könnten. Damit hätte sich die Präsenz unserer Militärexperten in Kuba erübrigt.

zit. nach: Bernd Greiner, Kuba-Krise – 13 Tage im Oktober, Nördlingen (Greno Verlag) 1988, S. 319 ff.

27. Oktober 1962: Oberste Priorität hat die „Einstellung der Arbeiten an den Raketenstützpunkten in Kuba"

Auszug aus einem Brief Kennedys als Reaktion auf die Botschaft Chruschtschows:
Wie ich Ihren Brief verstanden habe, enthalten Ihre Vorschläge – die nach meinem Verständnis im Allgemeinen annehmbar sind – folgende Schlüsselelemente:
1) Sie würden sich bereit erklären, diese Waffensysteme […] abzuziehen, und sich verpflichten, […] die weitere Einfuhr solcher Waffensysteme nach Kuba zu unterbinden.
2) Wir […] würden uns bereit erklären, […] a) die Quarantäne-Anordnungen […] umgehend aufzuheben; und b) Garantien gegen eine Invasion Kubas [zu] geben. […]

zit. nach: Bernd Greiner, Kuba-Krise – 13 Tage im Oktober, Nördlingen (Greno Verlag) 1988, S. 382

> **27. Oktober 1962: „Alle Länder wollen ihre Sicherheit gewährleisten"**
>
> Antwort Chruschtschows an Kennedy:
> Sie sind wegen Kuba beunruhigt. Sie sagen, dass es Sie beunruhigt, weil es 90 Seemeilen von der Küste der USA entfernt liegt. Doch die Türkei liegt in unserer Nähe, unsere Wachtposten gehen auf und ab und blicken einander an. Sie halten sich also für berechtigt, für Ihr Land Sicherheit und die Entfernung jener Waffen zu fordern, die Sie als offensiv bezeichnen, erkennen aber uns dies Recht nicht zu. […] Deshalb mache ich den Vorschlag: Wir willigen ein, die Mittel aus Kuba zu entfernen, die Sie für offensive Mittel halten. […] Ihre Vertreter geben eine Erklärung ab, dass die USA, der Beunruhigung und Besorgnis des Sowjetstaates Rechnung tragen, ihrerseits ihre entsprechenden Mittel aus der Türkei entfernen. […]
>
> *zit. nach: Heinrich von Siegler und Margarethe Müller-Marsall (Hg.), Archiv der Gegenwart (Bonn, Wien, Zürich, Siegler & Co) 1962*

Beim Abschuss eines US-Aufklärungsflugzeugs über Kuba durch sowjetische Luftabwehrraketen wird der Pilot getötet. Kennedy verbietet einen Gegenschlag.

Im Atlantik zwingt ein US-Kriegsschiff ein sowjetisches Atom-U-Boot mit Handgranaten zum Auftauchen.

28. Oktober 1962: Chruschtschow erklärt – ohne Rücksprache mit Castro – den Abzug der Atomraketen aus Kuba. Kennedy toleriert das sozialistische Regime auf Kuba. Er erklärt, Kuba nicht anzugreifen und 1963 die auf die UdSSR gerichteten US-Atomraketen aus Italien und der Türkei abzuziehen.

1963: Eine direkte Fernschreibeverbindung, der sogenannte „heiße Draht", wird zwischen Washington und Moskau eingerichtet. Im Falle einer neuerlichen Krise können beide Staatschefs fortan – anstelle von Briefen, Radio- oder Fernsehansprachen – einander direkt kontaktieren. Beide Supermächte vereinbaren auch Rüstungskontrollvereinbarungen.

Arbeitsaufträge | Memoflip – Register 3

Register 3: Fidel und Raúl Castro – Leben in Diensten der Kubanischen Revolution

1. Betrachte das Bild (**M1**) oder sieh dir das kurze Video (**M2**) an. Stelle Vermutungen über den Personenkult um Fidel und Raúl Castro an.

2.1 Lies den Text über Fidel und Raúl Castro (**M3**) und arbeite zentrale Etappen im Leben der Castros heraus.

2.2 Vergleiche anschließend die Politik der Castros vor und nach 2008.

2.3 Erkläre, welche politischen Maßnahmen stabilisierend auf die Revolution wirkten.

3.1 Erstelle zu Fidel und Raúl Castro eine geeignete Darstellungsform für dein Memoflip.

3.2 Übertrage wichtige (Fach-)Begriffe in die ABC-Liste am Ende deines Memoflips.

4. Beurteilt im Klassenverband, inwiefern die revolutionäre Ära in Kuba mit der Machtübergabe von Fidel und Raúl Castro endete.

M1 Personenkult um Fidel und Raúl Castro

Parade mit einem Foto von Fidel und Raúl Castro auf einem überdimensionalen Banner am 1. Mai 2017, dem ersten Tag der Arbeit nach Fidels Tod in Havanna.

Polaris/laif, https://www.tagesanzeiger.ch/zwei-brueder-ein-herrscher-19426954643

M2 Kuba: Letzte Ehre für Fidel Castro

https://www.ardmediathek.de/video/weltspiegel/kuba-letzte-ehre-fuer-fidel-castro/das-erste/Y3JpZDovL2Rhc2Vyc3RlL1dlbHRzcGllZ2VsLzA0MTI2NzYzMjE

M3 Fidel und Raúl Castro

1 Prägende Kindheit

Fidel Castro und sein jüngerer Bruder Raúl Castro wurden am 13.8.1926 und am 3.6.1931 als uneheliche Kinder eines Großgrundbesitzers und dessen Haushälterin im Osten Kubas geboren. Vor allem in der rückständigen Heimatregion der Castros dominierten US-Konzerne Wirtschaft und Politik. Obwohl die Brüder in relativem Wohlstand aufwuchsen, erlebten sie früh die elende Not der Landbevölkerung.

Ein (un-)gleiches Paar

Zwischen 1941 und 1945 besuchte Fidel Kubas angesehenste Schule, das Jesuitenkolleg Belén in Havanna, wo er einen herausragenden Schulabschluss erlangte. 1945 folgte ihm Raúl auf das Kolleg, das er aber schon im Folgejahr vorzeitig wieder verließ. Fidel begann an der Universität Havanna u. a. ein Jurastudium. 1950 schloss er es mit seiner Promotion ab. Raúl studierte auch in Havanna – jedoch ohne Abschluss – Verwaltung und Soziologie. In der Studienzeit entdeckten beide ihre Berufung zum Politiker: Raúl engagierte sich in der sozialistischen Jugend, Fidel schloss sich einer nationalrevolutionären Partei an.

Führende Köpfe der Kubanischen Revolution

Ein von den USA gestützter Militärputsch durch General Fulgencio Batista vereitelte 1952 Fidels aussichtsreiche Präsidentschaftskandidatur. Nachdem eine Klage Fidels abgewiesen wurde, scheiterten er und wenige Getreue, darunter Raúl, 1953 auch mit einem Aufstand gegen die Militärdiktatur. Das Batista-Regime reagierte mit Verhaftungen, Folterungen und Ermordungen. Fidel wurde zu 15, Raúl zu 13 Jahren Haft verurteilt, aber beide wurden schon nach 22 Monaten entlassen. Von Mexiko aus planten sie 1955 mit wenigen Anhängern den Guerillakrieg gegen das Batista-Regime. Ab 1956 zurück auf Kuba demoralisierten die von Fidel angeführten Rebellen die zahlenmäßig und technisch weit überlegene Batista-Armee in zermürbenden Gefechten. Durch die Flucht Batistas wurde Fidel mit dem Einzug der Revolutionäre in Havanna zu Neujahr 1959 schlagartig der mächtigste Mann Kubas.

Sicherung der Revolution

Unmittelbar nach dem Sieg der Revolution beauftragten die Castros Entlassungen und Hinrichtungen mutmaßlicher politischer Gegner. Verstaatlichungen, darunter vor allem Eigentum von US-Konzernen in Milliardenhöhe, und die wirtschaftliche Annäherung an die Sowjetunion verschärften den Konflikt mit den USA, die 1960 eine Handelssperre gegen Kuba verhängten. Doch Fidel zögerte mit pro-kommunistischen Aussagen. Nach dem Scheitern einer 1961 von den USA unterstützten Invasion durch Exilkubaner erklärte Fidel Kuba – zur Freude Raúls – zum ersten sozialistischen Staat Lateinamerikas. In der Kuba-Krise verständigten sich die USA und die UdSSR, ohne Castro zu beteiligen. Die entschlossene Haltung der Castros gegen die US-amerikanische Übermacht einte viele Kubaner. Die beiden Brüder, Fidel u. a. 1976–2008 als Staatspräsident und zeitgleich Oberbefehlshaber der Armee im Vordergrund und Raúl u. a. 1959–2008 als Verteidigungsminister eher im Hintergrund, sorgten über Jahrzehnte in der Politik Kubas für Beständigkeit. Die Mehrheit der Kubaner nahm für die Errungenschaften der Revolution, wie das kostenlose Bildungs- und Gesundheitssystem, fehlende politische Freiheiten hin. Zugleich diente die Auswanderung von vielen hunderttausenden von Gegnern den Castros zum Abbau von innenpolitischem Druck. Exilkubaner stabilisierten durch ihre Überweisungen an Verwandte widerwillig das Castro-Regime.

Das Ende der revolutionären Ära?

Infolge der Auflösung des Ostblocks kam es auf Kuba zu einer dauerhaften Wirtschaftskrise. Schwer erkrankt übertrug Fidel 2006 vorläufig, 2008 dann dauerhaft die Staats- und Regierungsführung, 2011 auch die Parteiführung auf Raúl. Ab 2009 bildete Raúl die noch vor allem aus einstigen Revolutionären bestehende Staatsführung durch persönliche Vertraute um. Seit 2011 förderte er gegen den Widerstand Fidels verstärkt marktwirtschaftliche Reformen, ohne jedoch den sozialistischen Kurs aufzugeben. Unter Präsident Barack Obama (2009–2017) lockerten die USA 2015 die seit Jahrzehnten bestehende Handelssperre. Auch die 1961 abgebrochenen diplomatischen Beziehungen wurden wieder aufgenommen. Fidel kritisierte die Entwicklungen, noch bevor er am 25.11.2016 starb. Nach dem Rückzug Raúls (2018–2021) kam mit dem linientreuen Miguel Díaz-Canel erstmals ein nach der Revolution geborener Politiker an die Staatsspitze. Drei Jahre später folgte er auch als Parteichef auf Raúl.

Memoflip – Register 4   Arbeitsaufträge

Register 4: Kuba heute

1. Recherchiere im Internet zur aktuellen politischen, sozialen und wirtschaftlichen Situation Kubas.

    Tipp: Die beiden unteren Fotos und die QR-Codes (**M1**) können als Ausgangsbasis für deine Recherche dienen.

2.1 Erstelle zur aktuellen Lage Kubas eine geeignete Darstellungsform für dein Memoflip.

2.2 Übertrage wichtige (Fach-)Begriffe in die ABC-Liste am Ende deines Memoflips.

© lazyllama/stock.adobe.com

© Daniel Avram/stock.adobe.com

Die Kuba-Krise

Materialien Memoflip – Register 4

M1 QR-Codes für die Internetrecherche

Die Internetseite der Tagesschau bietet eine Vielzahl an regelmäßig aktualisierten Nachrichten mit Fotos und Videoclips aus Kuba:

https://www.tagesschau.de/thema/kuba/

Das Video der ARD-Sendung Weltspiegel berichtet über Perspektiven und Ziele junger kubanischer Künstlerinnen und Künstler:

https://www.ardmediathek.de/video/weltspiegel/kuba-millennials-die-neue-generation/daserste/Y3JpZDovL2Rhc2Vyc3RlLmRlL3dlbHRzcGll Z2VsLzMxMDIzN2U2LWUzN2MtNDVkMS05ZDk2LTU1OWQ1YzViYTEyZA

Auch Spiegel Online bietet eine Themenseite zu kurzen brandaktuellen, aber auch historischen Artikeln über Kuba an. Ein paar Videoclips ergänzen das Angebot:

https://www.spiegel.de/thema/kuba/

Die Bundeszentrale für politische Bildung bettet die landesweiten Proteste vom Juli 2021 in einen größeren geschichtlichen Zusammenhang ein. Weitere intern verlinkte Artikel, beispielsweise zu Jahrestagen, stellen Gegenwartsbezüge her und vereinzelt ein (Zwischen-)Fazit auf:

https://www.bpb.de/kurz-knapp/hintergrund-aktuell/338287/proteste-in-kuba/

Das Auswärtige Amt bietet in knappen Texten, u. a. über die Politik Kubas, die Entwicklung der deutsch-kubanischen Beziehungen sowie Reise- und Sicherheitshinweise, einen raschen und aktuellen Überblick zum Karibikstaat:

https://www.auswaertiges-amt.de/de/aussenpolitik/laender/kuba-node

Die Kuba-Krise

Erwartungshorizont

Register 1: Kuba – von der Kolonie zur Unabhängigkeit

1. mögliche Fragen: Warum konnte es wegen Kuba zum Krieg kommen? Warum demonstrierten Frauen in Amerika dagegen?
    mögliche Vermutungen: Auf Kuba wurden Waffen stationiert. Die Waffen bedrohten die US-amerikanische Bevölkerung. Die USA und die UdSSR waren involviert.

2.1 siehe 3.1

2.2 kubanisch-sowjetisches Verhältnis: Kuba auf Suche nach einer Schutzmacht und UdSSR auf der Suche nach einem strategisch wichtigen Stützpunkt und Satellitenstaaten in der westlichen Hemisphäre, Erklärung Kubas zu einem sozialistischen Staat erst unter höchstem Druck (nach gescheitertem US-Invasionsversuch) → Zweckbündnis?
US-amerikanisch-kubanisches Verhältnis: vor allem durch Verstaatlichungen verstärkte Sorge der USA über ideologischen Kurs der Kubanischen Revolution, worauf die USA mit einer Handelssperre reagieren ↔ Angst der Revolutionäre vor Erhalt der US-Dominanz über Kuba, Suche nach neuer Schutzmacht

2.3 Ein US-Aufklärungsflugzeug entdeckte sowjetische Raketenabschussrampen mit Atomraketen auf Kuba, die in Minuten viele US-Städte erreichen und vernichten konnten. Berater drängten den US-Präsident zu einem militärischen Eingriff. Ein atomarer Weltkrieg drohte.

3.1 mögliche geeignete Darstellungsform: **Mindmap**

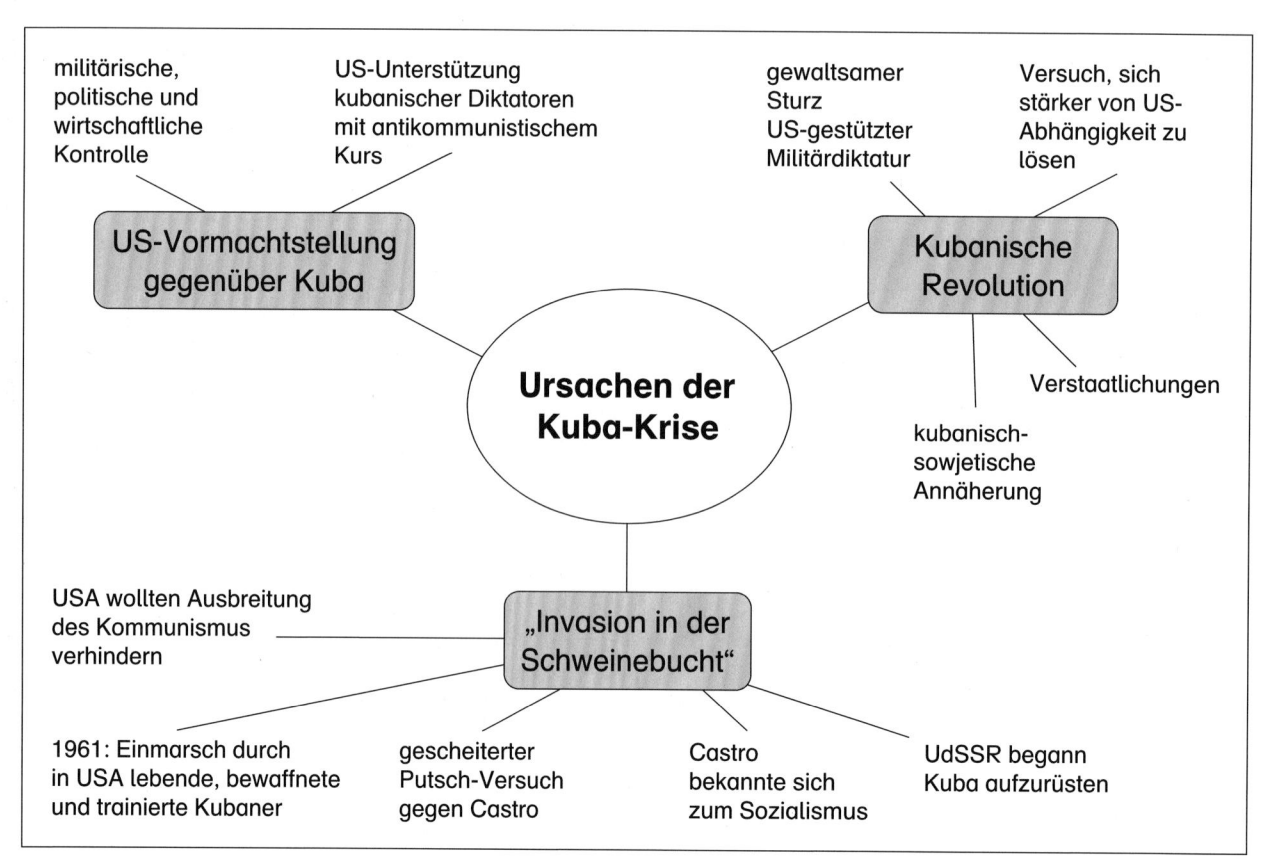

Ursachen der Kuba-Krise

- **US-Vormachtstellung gegenüber Kuba**
  - militärische, politische und wirtschaftliche Kontrolle
  - US-Unterstützung kubanischer Diktatoren mit antikommunistischem Kurs

- **Kubanische Revolution**
  - gewaltsamer Sturz US-gestützter Militärdiktatur
  - Versuch, sich stärker von US-Abhängigkeit zu lösen
  - Verstaatlichungen
  - kubanisch-sowjetische Annäherung

- **„Invasion in der Schweinebucht"**
  - USA wollten Ausbreitung des Kommunismus verhindern
  - 1961: Einmarsch durch in USA lebende, bewaffnete und trainierte Kubaner
  - gescheiterter Putsch-Versuch gegen Castro
  - Castro bekannte sich zum Sozialismus
  - UdSSR begann Kuba aufzurüsten

3.2 siehe ABC-Liste

4. Gründe für eine Revolution: Angeführt von Fidel Castro bezwangen Aufständische die von den USA unterstützte kubanische Armee. Die Aufständischen übernahmen die Regierungsgewalt. Die von ihnen verabschiedeten Gesetze markierten einen radikalen Politikwechsel. Kuba brach mit den USA und näherte sich der UdSSR an.
Grund gegen eine Revolution: Der Umbruch erstreckte sich über mehrere Jahre.

Register 2: Wie konnte 1962 ein globaler Atomkrieg verhindert werden?

1.1 mögliche Fragen: Kamen Menschen ums Leben? Wie gelang die Deeskalation der Krise?

1.2 Vorwürfe: Offensivwaffen & ausdrückliche Bedrohung des Friedens und der Sicherheit durch UdSSR (Kennedy, 22.10.), Seeblockade entspricht „piratenhaften Maßnahmen" (Chruschtschow, 26.10.), Ignoranz des sowjetischen Sicherheitsbedürfnisses vor US-Atomraketen in der Türkei (Chruschtschow, 27.10.)
Angebote: Verzicht der UdSSR auf Waffenlieferungen nach Kuba für Verzicht der USA auf Invasion in Kuba und Verzicht auf Unterstützung anderer Truppen bei möglicher Invasion (Chruschtschow, 26.10.), gewünschter Abzug der Atomraketen aus Kuba und Verzicht auf weitere Waffenlieferungen für Beendigung der US-Seeblockade um Kuba und Verzicht auf Invasion (Kennedy, 27.10.), gewünschter Abzug der US-Atomraketen aus der Türkei (Chruschtschow, 27.10.)

2.1 mögliche geeignete Darstellungsform: **Flussdiagramm**

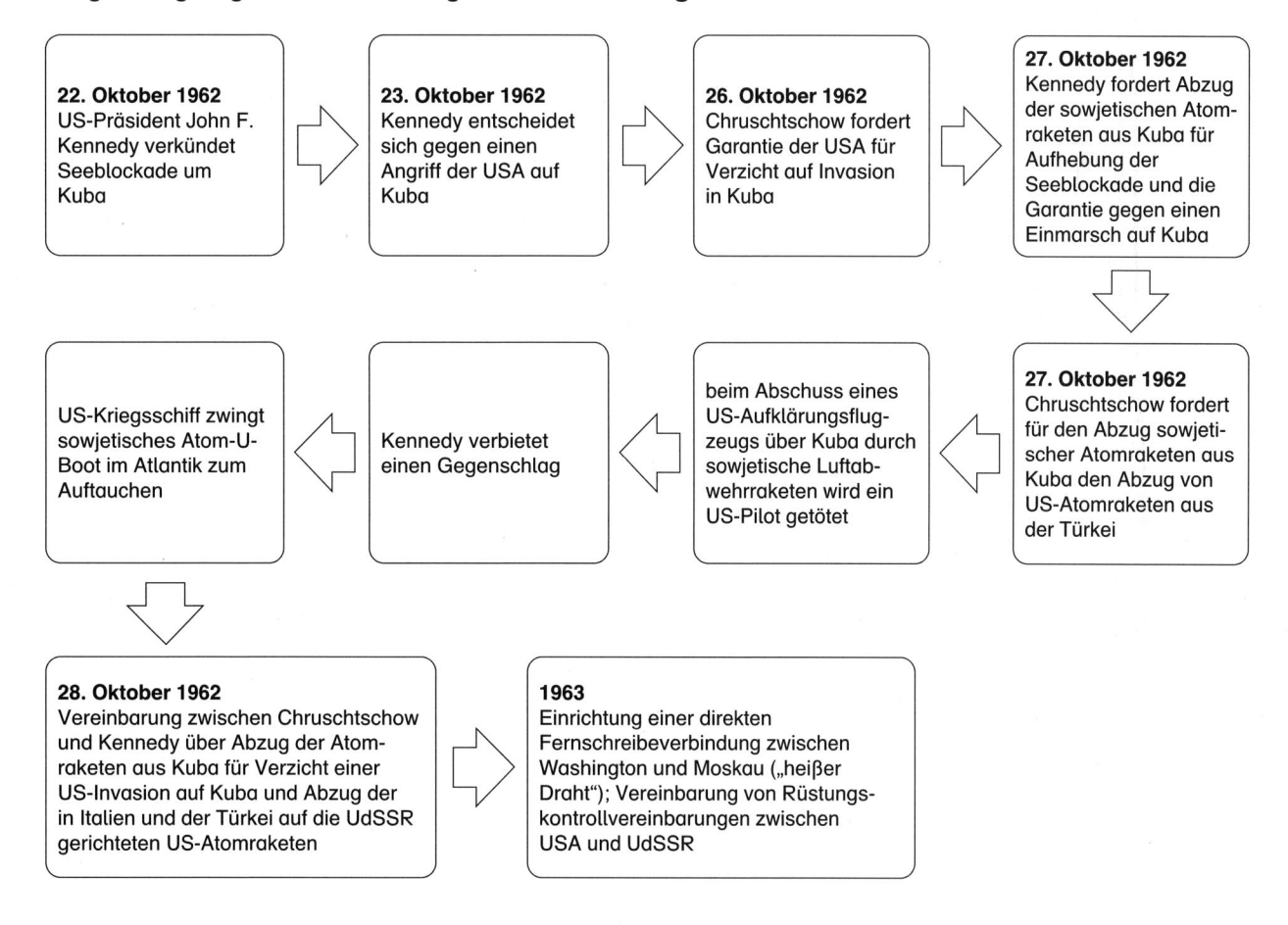

22. Oktober 1962 US-Präsident John F. Kennedy verkündet Seeblockade um Kuba → **23. Oktober 1962** Kennedy entscheidet sich gegen einen Angriff der USA auf Kuba → **26. Oktober 1962** Chruschtschow fordert Garantie der USA für Verzicht auf Invasion in Kuba → **27. Oktober 1962** Kennedy fordert Abzug der sowjetischen Atomraketen aus Kuba für Aufhebung der Seeblockade und die Garantie gegen einen Einmarsch auf Kuba ↓

27. Oktober 1962 Chruschtschow fordert für den Abzug sowjetischer Atomraketen aus Kuba den Abzug von US-Atomraketen aus der Türkei ← beim Abschuss eines US-Aufklärungsflugzeugs über Kuba durch sowjetische Luftabwehrraketen wird ein US-Pilot getötet ← Kennedy verbietet einen Gegenschlag ← US-Kriegsschiff zwingt sowjetisches Atom-U-Boot im Atlantik zum Auftauchen ↓

28. Oktober 1962 Vereinbarung zwischen Chruschtschow und Kennedy über Abzug der Atomraketen aus Kuba für Verzicht einer US-Invasion auf Kuba und Abzug der in Italien und der Türkei auf die UdSSR gerichteten US-Atomraketen → **1963** Einrichtung einer direkten Fernschreibeverbindung zwischen Washington und Moskau („heißer Draht"); Vereinbarung von Rüstungskontrollvereinbarungen zwischen USA und UdSSR

2.2 siehe ABC-Liste

3. mögliche Aspekte: Gefahr der Eskalation an der Seeblockade durch Missverständnisse zwischen sowjetischen Raketentransportschiffen und US-Zerstörern, sanfte Reaktion der USA auf Abschuss eines US-Flugzeugs über Kuba durch sowjetische Luftabwehrraketen, Gefahr durch in Alarmbereitschaft versetzte sowjetische U-Boote in der Karibik, Gefahr der Eskalation durch verspätetes oder fehlinterpretiertes Telegramm

Register 3: Fidel und Raúl Castro – Leben in Diensten der Kubanischen Revolution

1. mögliche Vermutungen: Fidel und Raúl Castro bewirken in Kuba einschneidende Veränderungen. Sie sicherten Kubas Unabhängigkeit. Das Leben und Wirken der Brüder wurde verklärt. Dissidenten drohten Sanktionen.

2.1 siehe 3.1

2.2

	Politik der Castros vor 2008	Politik der Castros nach 2008
Wirtschaftspolitik	sozialistische Wirtschaftspolitik (Verstaatlichungen) und Annäherung an UdSSR	marktwirtschaftliche Reformen
Verhältnis zu den USA	Abbruch der diplomatischen Beziehungen, Entwicklung einer Erzfeindschaft (Revolution, US-Invasionsversuch und Kuba-Krise)	Aussöhnung, Lockerung der US-Handelsblockade, Wiederaufnahme der diplomatischen Beziehungen
Menschenrechtspolitik	fehlende politische Freiheiten	fehlende politische Freiheiten
Fazit: Ohne im Bereich der Menschenrechte Zugeständnisse zu machen, stärkte Raúl vor allem nach 2011 als Parteichef marktwirtschaftliche Reformen. Die USA reagierten mit dem Abbau der Handelssperre und der Wiederaufnahme bilateraler Beziehungen.		

2.3 Die Revolutionäre prägten das Feindbild vom übermächtigen nördlichen Nachbarn. Die gescheiterte US-Invasion 1961 bestätigte dieses Image und einte viele Kubaner. Die entschlossene Haltung der Castros gegen die USA sorgte (inter-)national für Bewunderung. Die Castros verliehen der sonst so wechselhaften Politik Kubas über Jahrzehnte Beständigkeit. Errungenschaften, wie kostenlose Bildung, überzeugten viele Kubaner vom revolutionären Kurs. Durch die Flucht und Auswanderung von Regime-Gegnern konnte innenpolitischer Druck abgebaut werden. Exilkubaner stabilisierten durch ihre Überweisungen an Verwandte wiederum widerwillig das Castro-Regime.

3.1 mögliche geeignete Darstellungsform: **Tabelle**

	Fidel	**Raúl**
Geburt	13.08.1926	03.06.1931
Bildung	Besuch des Jesuitenkolleg Belén in Havanna (1941–1945), mit Abschluss/Zugang zum Studium Jurastudium mit Promotion an der Universität Havanna (1945–1950)	Besuch des Jesuitenkolleg Belén in Havanna (1945–1946), ohne Abschluss Studium ohne Abschluss an der Universität Havanna
politische Laufbahn	Mitglied einer nationalrevolutionären Partei	Engagement in sozialistischer Jugend
	<ul><li>im Zuge des gescheiterten Aufstands gegen Militärdiktatur (1953) Verhaftung der Brüder mit späterer Begnadigung</li><li>Planung des Guerillakrieges von Mexiko aus (1955)</li><li>Guerillakrieg gegen kubanische Militärdiktatur (1956–1959)</li><li>Abwehr der US-Invasion in der Schweinebucht (1961)</li><li>Beilegung der Kuba-Krise 1962 ohne Beteiligung der Castros</li></ul>	
	u. a. Staatspräsident und zeitgleich Oberbefehlshaber der Armee (1976–2008)	u. a. Verteidigungsminister (1959–2008)
	Übergabe der Staats- und Regierungsführung (2006 vorläufig, 2008 dauerhaft), 2011 auch der Parteiführung an Raúl	
	Kritik an Reformen (des Bruders)	<ul><li>marktwirtschaftliche Reformen (seit 2011)</li><li>Aussöhnung mit USA</li></ul>
		Rückzug aus Politik (2018–2021), linientreuer Nachfolger
Tod	25.11.2016	–
Fazit: Raúl eher Mann im Hintergrund, als Staats- und Parteichef Eintritt für pragmatische Reformen unter Aufrechterhaltung des sozialistischen Kurses		

3.2 siehe ABC-Liste

4. mögliche Aspekte für die These: Raúl Castro leitete marktwirtschaftliche Reformen und damit die Versöhnungspolitik mit den USA ein, Miguel Díaz-Canel ist erster Staats- und Parteichef, der nach der Revolution geboren wurde
mögliche Aspekte gegen die These: Raúl Castro ist bekennender Kommunist und bestätigte die sozialistische Politik, sein Nachfolger Díaz-Canel gilt als linientreu

Die Kuba-Krise

Register 4: Kuba heute

1. siehe 2.1

2.1 mögliche geeignete Darstellungsform: **Mindmap**

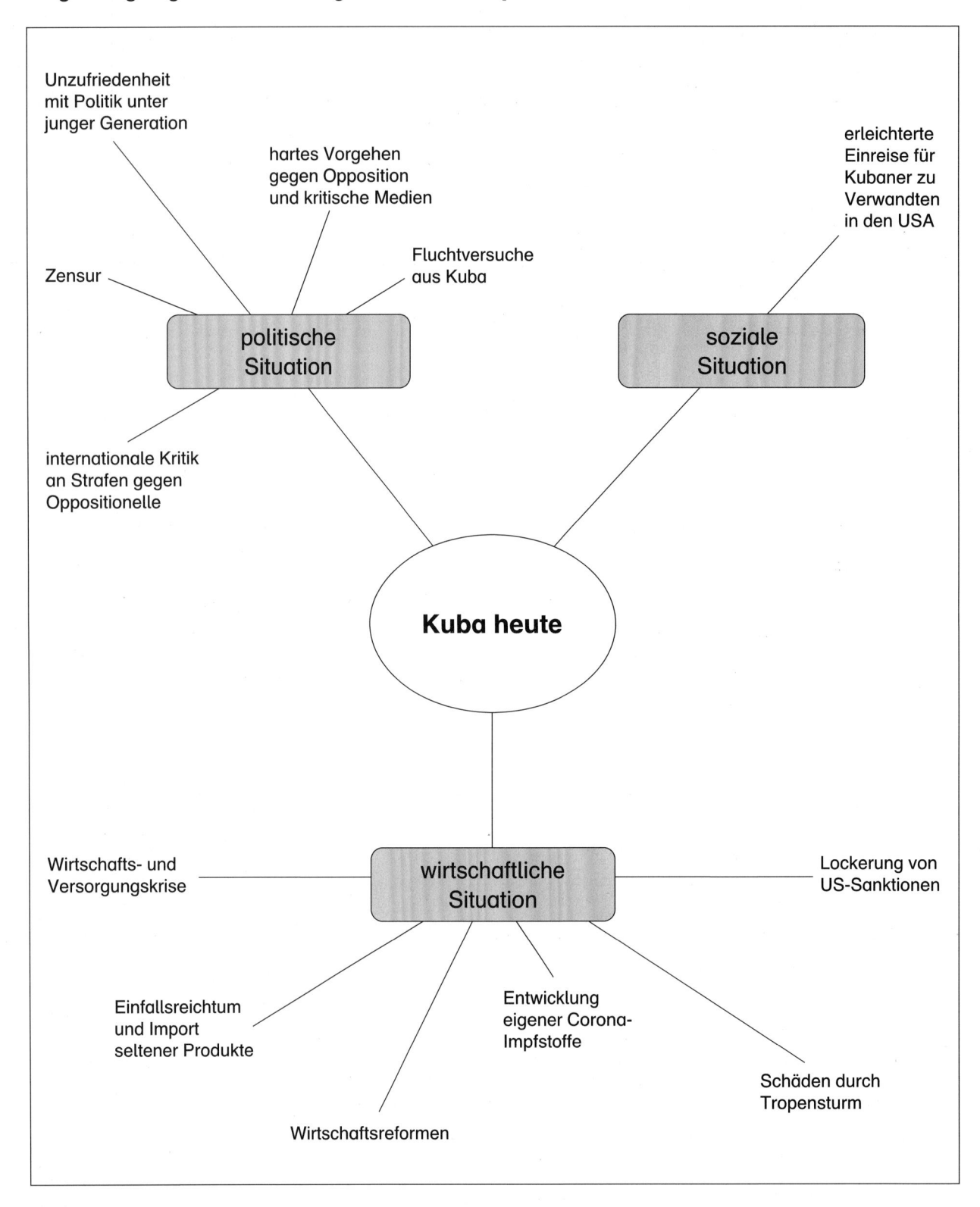

- **politische Situation**
  - Unzufriedenheit mit Politik unter junger Generation
  - hartes Vorgehen gegen Opposition und kritische Medien
  - Fluchtversuche aus Kuba
  - Zensur
  - internationale Kritik an Strafen gegen Oppositionelle

- **soziale Situation**
  - erleichterte Einreise für Kubaner zu Verwandten in den USA

- **Kuba heute**

- **wirtschaftliche Situation**
  - Wirtschafts- und Versorgungskrise
  - Lockerung von US-Sanktionen
  - Einfallsreichtum und Import seltener Produkte
  - Entwicklung eigener Corona-Impfstoffe
  - Schäden durch Tropensturm
  - Wirtschaftsreformen

2.2 siehe ABC-Liste

ABC-Liste

	Thema: Die Kuba-Krise
A	Atom*bombe*, Atom*krieg*, *Aufständische*
B	**Barack Obama**, **Fulgencio Batista**
C	**Castro**
D	
E	Entspan*nung*, **Exilkubaner**
F	**Fidel Castro**, Frei*heit*
G	Guerilla*krieg*
H	Handelssperre, Havanna, heißer Draht
I	*Invasion (1961)*, Italien
J	**John F. Kennedy**
K	Kalter *Krieg*, Karibik, Kol*onie*, Kommu*nismus*, Kuba, Kuba-*Krise (1962)*, Kubani*sche Revolution (1959)*
L	Liberale *Demokratie*
M	Marktwirtschaft, Mexiko, **Miguel Díaz-Canel**, Militär*diktatur*, Militär*putsch (1952)*
N	**Nikita Chruschtschow**
O	Ost*block*
P	**Präsident**
Q	Quarantäne-*Anordnung*
R	**Raúl Castro**, Reg*ime*, Rüstungskontroll*vereinbarungen*
S	Sowjetunion, Sozial*ismus*, Spanien, **Staats- und Parteichef**, Supermacht
T	Türkei
U	UdSSR, Unabhä*ngigkeit*, USA, US-Konzerne
V	Verfa*ssung*, Verstaatlichungen
W	
X	
Y	
Z	Zuckerindustrie
Kategorien:	**Personen** Wirtschaft Orte/Staaten *Gesellschaft*

ABC-Liste

Verschwörungstheorien

Methodisch-didaktische Hinweise

Der Anfang dieses Kapitels sensibilisiert für die Bedeutung zahlreicher Begrifflichkeiten, die sowohl in der Alltags- als auch in der Bildungssprache oft Verwendung finden, um vermeintliche Verschwörungen zu beschreiben. Das Herausarbeiten der einzelnen Definitionen fördert unter den Lernenden einen differenzierteren Gebrauch der Begriffe in den folgenden Unterrichtsstunden.

Die zweite Einheit knüpft an den sprachsensibilisierenden Einstieg in das Kapitel an. Die „Dolchstoßlegende", die den Lernenden bereits aus dem Kontext der Zwischenkriegszeit bekannt sein sollte, wird hier im Kontext von Verschwörungstheorien akzentuiert. Durch die Analyse von drei visuellen Darstellungen der „Dolchstoßlegende" treten ihre weite Verbreitung und ihre leicht variierenden Schuldzuweisungen in den Fokus. Eine Überprüfung, wie die „Dolchstoßlegende" im Begriffsspektrum rund um das Thema Verschwörungen einzuordnen ist, bildet den Abschluss dieses Moduls.

Inhalt der dritten Einheit ist QAnon, eine Gruppe von Verschwörungsgläubigen, die ihre rechtsextremistischen Erzählungen vor allem über das Internet verbreitet. Daher konfrontiert ein fiktiver Chatverlauf die Lernenden mit den zentralen Überzeugungen von QAnon-Anhänger*innen.

Zum Abschluss des Kapitels recherchieren die Lernenden im Internet nach Ursachen für den Glauben an Verschwörungstheorien. Als Form der Differenzierung und zur Ermöglichung einer zeiteffizienten Recherche sind bereits hilfreiche Links aufgelistet. Jede angegebene Website wird in wenigen Sätzen beschrieben.

Die Lernenden bereiten die zentralen Informationen des Kapitels in individuell gestalteten Memoflips auf. Dabei finden wichtige (Fach-)Begriffe Eingang in die ABC-Liste.

Anregungen zu digitalen Umsetzungen

Auf der Website des Landesmedienzentrums Baden-Württemberg sind klar strukturierte Hintergrundinformationen zu Ursachen, zur Verbreitung und zur Prävention von Verschwörungserzählungen zu finden: *https://www.lmz-bw.de/medienbildung/themen-von-f-bis-z/verschwoerungstheorien*

Die ZDF Mediathek umfasst zahlreiche Videos zum Thema Verschwörungserzählungen, die sich auch aufgrund ihrer Dauer sehr gut in eine Schulstunde integrieren lassen: *https://www.zdf.de/suche?q=Verschwörungserzählungen&synth=true&sender=Gesamtes+Angebot&from=&to=&attrs=&abName=ab-2022-07-04&abGroup=gruppe-c*

Arbeitsaufträge　　　　　　　　　　　　　　　Memoflip – Erstellung, Deckblatt und Register 1

Gestalte ein Memoflip aus drei Blättern zum Thema **„Verschwörungstheorien"**.

Beschrifte die Register wie folgt:
Deckblatt: Verschwörungstheorien
Register 1: Was ist eine Verschwörungstheorie?
Register 2: Die „Dolchstoßlegende" – eine Verschwörungstheorie?
Register 3: QAnon – eine aktuelle Verschwörungserzählung
Register 4: Warum glauben Menschen an Verschwörungserzählungen?
Register 5: ABC-Liste

Befülle die einzelnen Register deines Memoflips im Anschluss anhand der folgenden Aufgaben. Übertrage während der Erstellung wichtige (Fach-)Begriffe in die ABC-Liste am Ende deines Memoflips. Wenn du fertig bist, kannst du das Deckblatt deines Memoflips gestalten.

Register 1: Was ist eine Verschwörungstheorie?

1. Sammelt im Klassenverband aktuelle und ältere Verschwörungstheorien.

2. Lies den Text zu den Begrifflichkeiten (**M1**) und erläutere die Begriffe Verschwörung, Verschwörungserzählung, Verschwörungsmythos und Verschwörungstheorie.

_____

_____

_____

_____

_____

3.1 Erstelle zu den Begriffen eine geeignete Darstellungsform für dein Memoflip.

3.2 Übertrage wichtige (Fach-) Begriffe in die ABC-Liste am Ende deines Memoflips.

4. Diskutiert im Klassenverband Vor- und Nachteile der Verwendung des Begriffes Verschwörungstheorie.

M1 Begrifflichkeiten

1 Eine **Verschwörung** bezieht sich auf ein wahres Ereignis. Einzelpersonen oder Gruppen versuchen verdeckt, das Weltgeschehen zu ihren Gunsten und zu Ungunsten der Mehrheitsbevölkerung zu beeinflussen.

Bei einer **Verschwörungserzählung** oder **Verschwörungsideologie** handelt es sich
5 um ein angenommenes Ereignis. Einzelne Sachverhalte einer Verschwörungserzählung können trotzdem sachlich richtig sein. Für die angebliche Verschwörung gibt es keine wirklichen Beweise. Sie ist ausgedacht oder beruht auf Fehlannahmen. Deshalb berichten Anhänger einer Verschwörungsideologie so über ein Ereignis, dass eine Überprüfung an der Wirklichkeit ausgeschlossen ist. Sie verweisen zwar auf tatsächlich
10 existierende Gruppen, aber ihre angeblich verschwörerischen Aktivitäten lassen sich nicht belegen. Dementsprechend werden falsche Vorstellungen als alleinige oder maßlos überschätzte Ursache für ein Ereignis angesehen. Anhänger von Verschwörungserzählungen ignorieren Hinweise auf andere Einflüsse oder verharmlosen sie massiv. Ihr Weltbild gilt als festgefahren.

15 Der Übergang zwischen einer Verschwörungserzählung und einem **Verschwörungsmythos** ist fließend. Ein Verschwörungsmythos beinhaltet mehrere Verschwörungserzählungen. Der Verschwörungsmythos gilt als besondere oder übersteigerte Form der Verschwörungserzählung. Im Gegensatz zur Verschwörungserzählung erfinden Anhänger eines Verschwörungsmythos die Existenz einer angeblichen verschwörerisch tätigen
20 Gruppe. Das wohl bekannteste Beispiel für einen Verschwörungsmythos ist die Behauptung einer jüdischen Weltverschwörung, die auf den angeblichen „Protokollen der Weisen von Zion" beruht. Der tiefe Glaube an die Richtigkeit eines Mythos ist ein weiterer Unterschied zur Verschwörungserzählung. Er ist geschichtlich und gesellschaftlich fest verankert. Obwohl die „Protokolle der Weisen von Zion" nachweislich als Fälschung
25 entlarvt wurden, fanden sie große Verbreitung. Auch Anhänger von Verschwörungsmythen lehnen Gegenargumente und -beweise streng ab.

Der Begriff **Verschwörungstheorie** wird in der Wissenschaft und im Alltag am häufigsten benutzt und verstanden. Dabei stellen strenggenommen nur Wissenschaftler Theorien auf. Der ursprünglichen Bedeutung nach können Theorien anhand von begründeten
30 Aussagen Erklärungen für bestimmte Sachverhalte bieten. Die Bezeichnung Verschwörungstheorie wertet somit eine Verschwörungserzählung enorm auf. Sie wird scheinbar mit wissenschaftlichen Theorien gleichgestellt, auch wenn heutzutage vorschnell und unüberlegt der Begriff Theorien benutzt wird. Einige Experten sprechen sich darum für eine Verwendung des Begriffes Verschwörungserzählung aus. Andererseits empfinden
35 Menschen es als abwertend, wenn sie als Anhänger von Verschwörungstheorien bezeichnet werden.

Arbeitsaufträge | Memoflip – Register 2

Register 2: Die „Dolchstoßlegende" – eine Verschwörungstheorie?

1. Sammelt im Klassenverband euer Vorwissen zur „Dolchstoßlegende".

2. Lies den Text zur „Dolchstoßlegende" (**M1**) und fasse den Inhalt zusammen.

_____
_____
_____

3.1 Arbeitet in einer Dreiergruppe: Jeder wählt ein Bild (**M2**, **M3** oder **M4**) und füllt dazu stichpunktartig die entsprechende Spalte der Tabelle aus.

	M2	M3	M4
Beschreibung (*Ich sehe …*)			
historischer Kontext			
Erklärung (*Zusammenhänge zwischen Personen/Gegenständen, abgebildete Situation …*)			
Fazit (Gemeinsamkeiten/Unterschiede, Deutung/Wertung):			

3.2 Tauscht die Ergebnisse in der Gruppe aus.

4.1 Erstelle zur „Dolchstoßlegende" eine geeignete Darstellungsform für dein Memoflip.

4.2 Übertrage wichtige (Fach-)Begriffe in die ABC-Liste am Ende deines Memoflips.

5. Besprecht im Klassenverband, ob es sich bei der „Dolchstoßlegende" um eine Verschwörungserzählung, einen Verschwörungsmythos oder etwas anderes handelt.

M1 Die „Dolchstoßlegende"

1 Verantwortliche für die Niederlage im Ersten Weltkrieg

Im Herbst 1918 zeichnete sich die Niederlage des Deutschen Kaiserreiches im Ersten Weltkrieg deutlich ab. Die Generäle Paul von Hindenburg und Erich Ludendorff führten seit Juli 1916 die Oberste Heeresleitung (OHL) an. Kaiser Wilhelm II. stattete die beiden
5 Generäle mit unbeschränkter Befehlsgewalt aus. Durch seinen umfassenden Einfluss auf Militär und Politik nahm Ludendorff zwischenzeitlich Züge eines Militärdiktators an. Als mächtigster General des Reiches trug er die Hauptverantwortung für die missliche militärische Lage.

Die Erfindung der „Dolchstoßlegende"

10 Ludendorff versuchte mittelfristig dennoch für die OHL und sich, eine der bisherigen Macht entsprechende Stellung zurückzugewinnen. Deshalb entwarf er einen Plan: Wilhelm II. sollte seinen Rücktritt einreichen. Entgegen den Tatsachen würde so die Schuld für die Niederlage und den zukünftigen Frieden nicht ihm und der OHL, sondern den demokratischen Parteien und der politischen Linken, vor allem der SPD, zugeschoben
15 werden. Es galt, das Vertrauen des Volkes in die neue Demokratie zu schwächen. Damit sollte für den Kaiser die Rückkehr an die Macht offenstehen.

Sündenböcke für die Weltkriegsniederlage

Ende September 1918 traf das offene Eingeständnis der Niederlage durch die OHL den Großteil der deutschen Öffentlichkeit völlig unerwartet. Sie hatte an die Kriegs-
20 propaganda der OHL mit ihrer geschönten Einschätzung der Kriegslage geglaubt. Um den allgemeinen Schockzustand über die Kriegsniederlage psychologisch besser zu verarbeiten, stieß Ludendorffs „Dolchstoßlegende" im Volk auf breite Zustimmung. Im Kern besagte sie, dass dem im Schlachtfeld ungeschlagenen deutschen Heer deutsche Kommunisten und Sozialisten durch die Novemberrevolution 1918 mit einem „Dolch-
25 stoß" in den Rücken gefallen seien. Wegen ihrer unterstellten Vaterlandslosigkeit galten neben den weltweit vernetzten Sozialdemokraten und Kommunisten auch „die Juden" als Verursacher des „Dolchstoßes".

Nachhaltige Wirkung der „Dolchstoßlegende"

Der hochgeachtete Weltkriegsgeneral von Hindenburg bestätigte am 18. November
30 1918 vor dem Untersuchungsausschuss zur Kriegsschuldfrage die „Dolchstoßlegende". Über die Medien erfuhr sie zügig massenhafte Verbreitung und Glaubwürdigkeit. Vertreter der politischen Rechten nutzten die „Dolchstoßlegende" fortan als politische Waffe, um die „Novemberverbrecher" der Weimarer Demokratie nachhaltig zu belasten. Auch die Nationalsozialisten griffen die „Dolchstoßlegende" in ihrer Propaganda auf
35 und verbreiteten sie hartnäckig. Ludendorffs Plan, die Demokratie zu schädigen, war aufgegangen, auch wenn er Kaiser Wilhelm II. nicht zurück zur Macht verhalf. Bis heute wird der Begriff „Dolchstoßlegende" für die Bewertung politischer Situationen, so etwa in Karikaturen, genutzt.

Materialien　　Memoflip – Register 2

M2 Wahlplakat

Ausschnitt eines Wahlplakats der Deutschnationalen Volkspartei (DNVP) zur Reichstagswahl vom 07.12.1924.
Die Person rechts im Bild trägt eine schwarze Maske und ist sonst komplett in rot gekleidet.

© akg-images

M3 Judas-Verrat

Aus einem antisemitischen Schulungsbrief der NSDAP, 1942.

© akg-images

M4 „Deutsche, denkt daran!"

Aus einer anonymen Hetzschrift (ca. 1923/24), Philipp Scheidemann (SPD) mit Dolch und Matthias Erzberger (Zentrumspartei) mit Zigarre.

© anne frank house, Propagandapostkarte „Deutsche, denkt daran", public domain

Verschwörungstheorien

Register 3: QAnon – eine aktuelle Verschwörungserzählung

1. Der Chat (**M1**) ist erfunden, kann sich aber tatsächlich so ereignen. Lies den fiktiven Chat und arbeite zentrale Überzeugungen der QAnon-Bewegung heraus.

   _____
   _____
   _____
   _____
   _____
   _____
   _____
   _____

2.1 Erstelle zu den herausgearbeiteten Aspekten eine geeignete Darstellungsform für dein Memoflip.

2.2 Ergänze deine Darstellung mit weiteren Informationen zur QAnon-Bewegung. Recherchiere dazu im Internet.

   Tipp: Die QR-Codes aus **M2** können als Ausgangsbasis für deine Recherche dienen.

2.3 Übertrage wichtige (Fach-)Begriffe in die ABC-Liste am Ende deines Memoflips.

Materialien | Memoflip – Register 3

M1 Fiktiver Chatverlauf

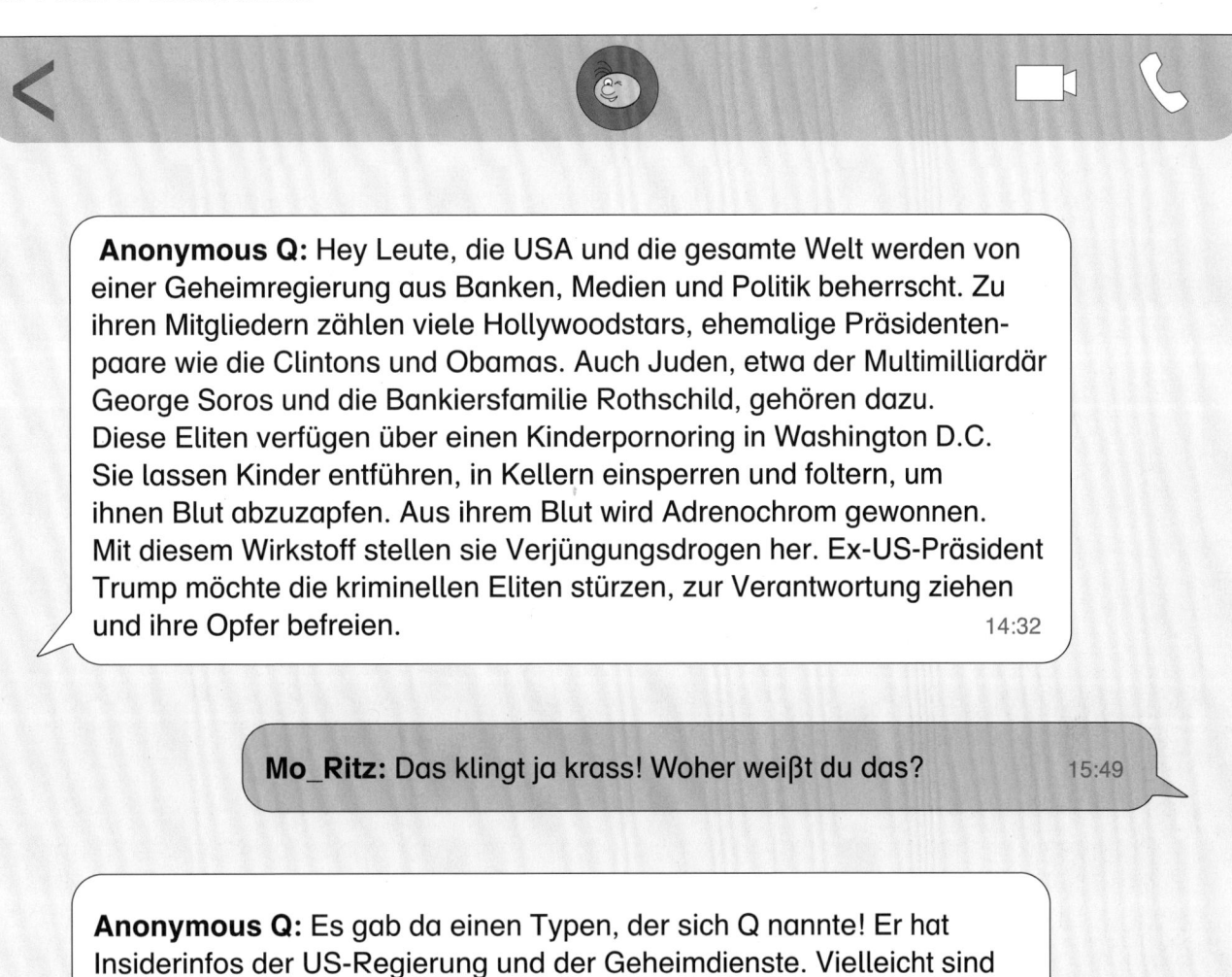

Anonymous Q: Hey Leute, die USA und die gesamte Welt werden von einer Geheimregierung aus Banken, Medien und Politik beherrscht. Zu ihren Mitgliedern zählen viele Hollywoodstars, ehemalige Präsidentenpaare wie die Clintons und Obamas. Auch Juden, etwa der Multimilliardär George Soros und die Bankiersfamilie Rothschild, gehören dazu. Diese Eliten verfügen über einen Kinderpornoring in Washington D.C. Sie lassen Kinder entführen, in Kellern einsperren und foltern, um ihnen Blut abzuzapfen. Aus ihrem Blut wird Adrenochrom gewonnen. Mit diesem Wirkstoff stellen sie Verjüngungsdrogen her. Ex-US-Präsident Trump möchte die kriminellen Eliten stürzen, zur Verantwortung ziehen und ihre Opfer befreien. 14:32

Mo_Ritz: Das klingt ja krass! Woher weißt du das? 15:49

Anonymous Q: Es gab da einen Typen, der sich Q nannte! Er hat Insiderinfos der US-Regierung und der Geheimdienste. Vielleicht sind es aber auch mehrere Personen oder sogar Trump persönlich. 17:11

M2 QR-Codes für die Internetrecherche

Auf der Website der tagesschau wurden wesentliche Fakten über die QAnon-Bewegung zusammengestellt:

https://www.tagesschau.de/faktenfinder/qanon-faq-101.html

Die Website der ZDF-Sendung Terra X präsentiert in einem kurzen Video wesentliche Fakten zu QAnon:

https://www.zdf.de/dokumentation/terra-x/qanon-und-verschwoerungsmythen-creative-commons-clip-100.html

Register 4: Warum glauben Menschen an Verschwörungserzählungen?

1. Recherchiere im Internet Gründe, warum Menschen an Verschwörungserzählungen glauben.

   Tipp: Die QR-Codes (**M1**) können als Ausgangsbasis für deine Recherche dienen.

   _____
   _____
   _____
   _____
   _____
   _____
   _____
   _____
   _____

2.1 Erstelle zu den Ergebnissen deiner Recherche eine geeignete Darstellungsform für dein Memoflip.

2.2 Übertrage wichtige (Fach-)Begriffe in die ABC-Liste am Ende deines Memoflips.

3. Notiere mindestens fünf Tipps, mit denen man zwischen echten Nachrichten und Verschwörungserzählungen unterscheiden kann.

   - _____
   - _____
   - _____
   - _____
   - _____
   - _____
   - _____

M1 QR-Codes für die Internetrecherche

Die EU-Initiative klicksafe widmet sich unter anderem Fragen zur Entstehung und Verbreitung von Verschwörungstheorien:

https://www.klicksafe.de/themen/problematische-inhalte/verschwoerungstheorien/

Die Landeszentrale für politische Bildung stellt in einem Online-Dossier Hintergründe zu Verschwörungstheorien dar:

https://www.lpb-bw.de/verschwoerungstheorien#c45486

Die Wissenssendung Quarks beantwortet zentrale Fragen rund um Verschwörungstheorien:

https://www.quarks.de/gesellschaft/psychologie/was-du-ueber-verschwoerungstheorien-wissen-solltest/

Das Online-Angebot des ZDF erklärt anhand eines Clips, warum Menschen vor allem in Krisenzeiten an Verschwörungstheorien glauben:

https://www.zdf.de/funk/simplicissimus-12075/funk-warum-menschen-an-verschwoerungstheorien-glauben-100.html

Die Sozialpsychologin Pia Lamberty begründet in einem Clip knapp, warum Menschen an Verschwörungstheorien glauben:

https://www.zdf.de/nachrichten/heute-sendungen/videos/verschwoerungstheorie1-100.html

Erwartungshorizont

Register 1: Was ist eine Verschwörungstheorie?

1. mögliche Nennungen: Illuminatenorden, 11. September 2001, Chemtrails, QAnon

2. siehe 3.1

3.1 mögliche geeignete Darstellungsform: **Mindmap**

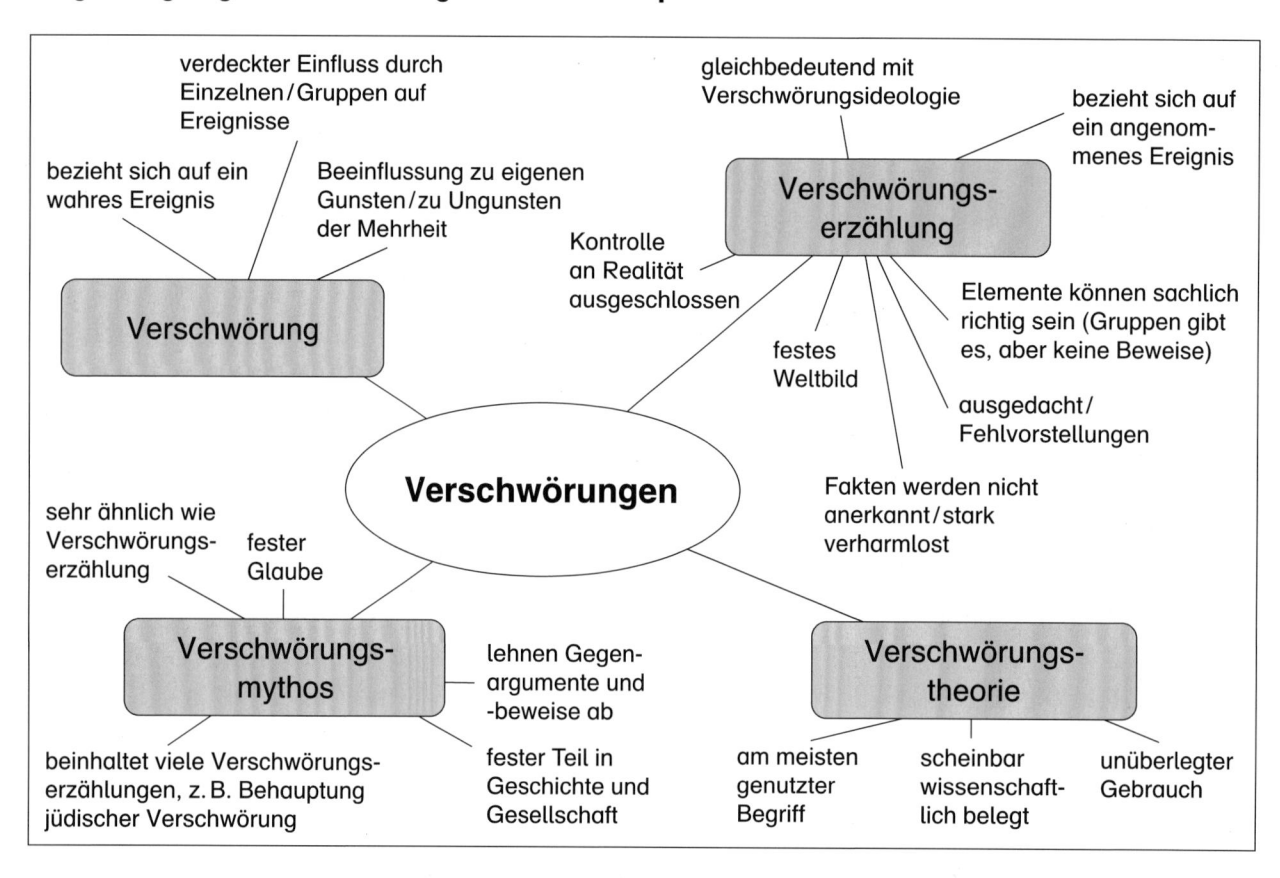

Mindmap zum Zentralbegriff **Verschwörungen** mit vier Unterbegriffen:

- **Verschwörung**
  - bezieht sich auf ein wahres Ereignis
  - verdeckter Einfluss durch Einzelnen/Gruppen auf Ereignisse
  - Beeinflussung zu eigenen Gunsten/zu Ungunsten der Mehrheit

- **Verschwörungserzählung**
  - gleichbedeutend mit Verschwörungsideologie
  - bezieht sich auf ein angenommenes Ereignis
  - Kontrolle an Realität ausgeschlossen
  - festes Weltbild
  - Elemente können sachlich richtig sein (Gruppen gibt es, aber keine Beweise)
  - ausgedacht/Fehlvorstellungen
  - Fakten werden nicht anerkannt/stark verharmlost

- **Verschwörungsmythos**
  - sehr ähnlich wie Verschwörungserzählung
  - fester Glaube
  - beinhaltet viele Verschwörungserzählungen, z. B. Behauptung jüdischer Verschwörung
  - lehnen Gegenargumente und -beweise ab
  - fester Teil in Geschichte und Gesellschaft

- **Verschwörungstheorie**
  - am meisten genutzter Begriff
  - scheinbar wissenschaftlich belegt
  - unüberlegter Gebrauch

3.2 siehe ABC-Liste

4. Vorteile: Begriff wird am häufigsten genutzt und allgemein verstanden, Betroffene empfinden den Begriff als abwertend
Nachteile: nur Wissenschaftler stellen Theorien auf, Begriff ist eine Aufwertung des Phänomens, Begriff wird unüberlegt benutzt

Register 2: Die „Dolchstoßlegende" – eine Verschwörungstheorie?

1. individuelle Lösungen

2. faktische Verantwortung für Kriegsniederlage: Kaiser & OHL
zugewiesene Verantwortung: Revolutionäre (Kommunisten und Sozialisten), Demokraten, Juden

3.1

	M2	M3	M4
Beschreibung (*Ich sehe …*)	… einen Soldaten, der die Fahne des Deutschen Kaiserreichs und ein Gewehr hält. Er wird hinterrücks von einer schwarz maskierten, sonst komplett in rot gekleideten Person (= Arbeiter) erstochen.	… einen schwarz-weiß gehaltenen Soldaten, der von hinten von einer großen Hand erdolcht wird. Die Hand ist bis zum Ärmel erkennbar. Auf dem Ärmel ist ein großer Davidstern abgebildet.	… hinter im Schützengraben stehenden Soldaten einen Mann mit einem gezückten Dolch und einen weiteren Mann mit Zigarre. Dahinter sitzen zwei lachende Männer, die Geld zählen, auf Geldsäcken. Eine Menschenmasse stürmt mit Flaggen von hinten auf die Soldaten.
historischer Kontext	Reichstagswahl 07.12.1924	während des 2. Weltkriegs	Zwischenkriegszeit (ca. 1923/24)
Erklärung (*Zusammenhänge zwischen Personen/Gegenständen, abgebildete Situation …*)	Die DNVP stellt es so dar, dass die Arbeiterschaft mit der Novemberrevolution 1918 das angeblich unbesiegte deutsche Heer erdolchte.	Die Darstellung macht die angeblich heimtückisch handelnden Juden zu den Sündenböcken für den verlorenen Weltkrieg.	Die Karte zeigt Scheidemann mit Dolch und Erzberger mit Zigarre. Sie macht die scheinbar von Demokraten, Arbeitern und Juden initiierte Revolution von 1918 für die Niederlage verantwortlich.

Fazit (Gemeinsamkeiten/Unterschiede, Deutung/Wertung):
Nationalistische und rechtsextremistische Gruppen und Parteien nutzten die Metapher vom Dolchstoß als zentrales Propagandainstrument. Sie wälzten die Verantwortung für die deutsche Niederlage im 1. Weltkrieg auf sozialdemokratische und kommunistische Parteien sowie Juden ab.

3.2 individuelle Lösungen

4.1 mögliche geeignete Darstellungsform: **Flussdiagramm**

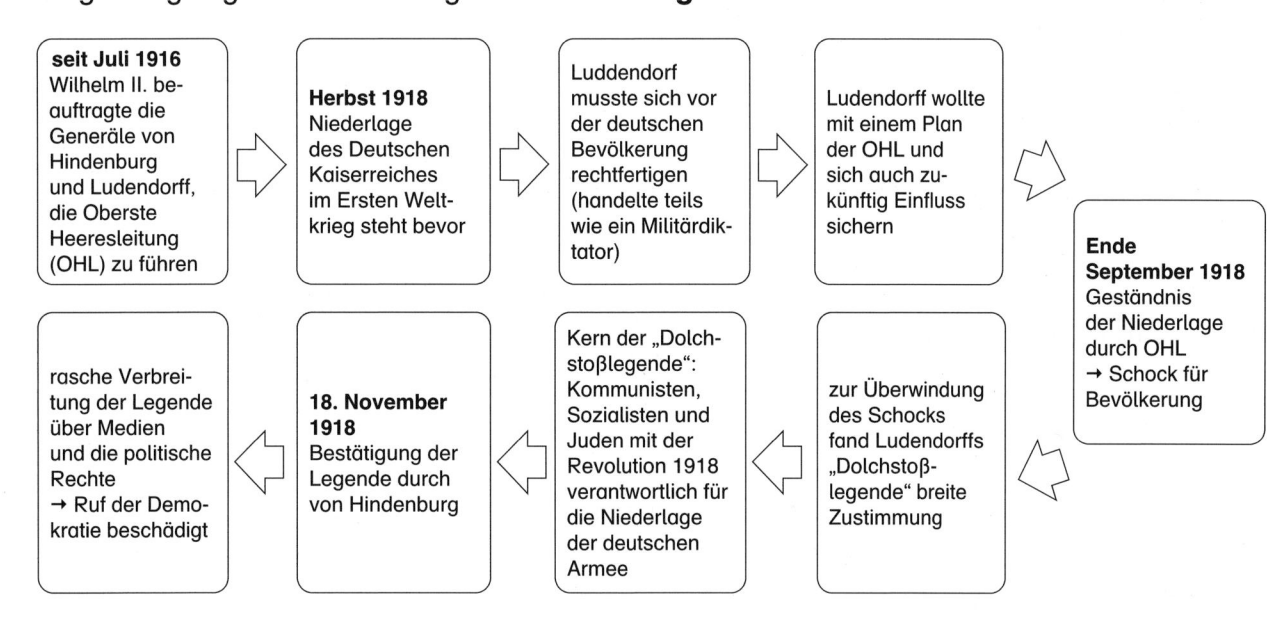

- **seit Juli 1916** Wilhelm II. beauftragte die Generäle von Hindenburg und Ludendorff, die Oberste Heeresleitung (OHL) zu führen
- **Herbst 1918** Niederlage des Deutschen Kaiserreiches im Ersten Weltkrieg steht bevor
- Luddendorf musste sich vor der deutschen Bevölkerung rechtfertigen (handelte teils wie ein Militärdiktator)
- Ludendorff wollte mit einem Plan der OHL und sich auch zukünftig Einfluss sichern
- **Ende September 1918** Geständnis der Niederlage durch OHL → Schock für Bevölkerung
- zur Überwindung des Schocks fand Ludendorffs „Dolchstoßlegende" breite Zustimmung
- Kern der „Dolchstoßlegende": Kommunisten, Sozialisten und Juden mit der Revolution 1918 verantwortlich für die Niederlage der deutschen Armee
- **18. November 1918** Bestätigung der Legende durch von Hindenburg
- rasche Verbreitung der Legende über Medien und die politische Rechte → Ruf der Demokratie beschädigt

Verschwörungstheorien

4.2 siehe ABC-Liste

5. Aspekte, die für eine Verschwörungserzählung sprechen: einzelne Sachverhalte sind richtig (Kriegsniederlage, Revolution …), die angeblich verschwörerisch tätigen Gruppen existieren
Aspekte, die für einen Verschwörungsmythos sprechen: Ludendorff erfand die „Dolchstoßlegende" und Hindenburg bestätigte sie, breite militärische und politische Unterstützung durch (Sozial-)Demokraten und Juden im Krieg widerspricht unterstellter Vaterlandslosigkeit, feste geschichtliche und gesellschaftliche Verankerung der Legende (Glaube an weltweite Vernetzung von Sozialdemokraten, Kommunisten und Juden (jüdische Weltverschwörung))

Register 3: QAnon – eine aktuelle Verschwörungserzählung

1. zentrale Überzeugungen der QAnon-Bewegung: Weltherrschaft durch Geheimregierung aus Banken, Medien und Politik, Mitglieder: Hollywoodstars, ehemalige Präsidentenpaare und reiche Juden, Kinderpornoring in Washington D. C., Entführung und Folterung von Kindern, Abzapfen von Adrenochrom aus Blut zur Herstellung von Verjüngungsdrogen, Unterstützer von QAnon: Ex-US-Präsident Trump, Insiderinfos der US-Regierung und Geheimdienste, Zuträger namens „Q"

2.1 und **2.2** mögliche geeignete Darstellungsform: **Wortbild**

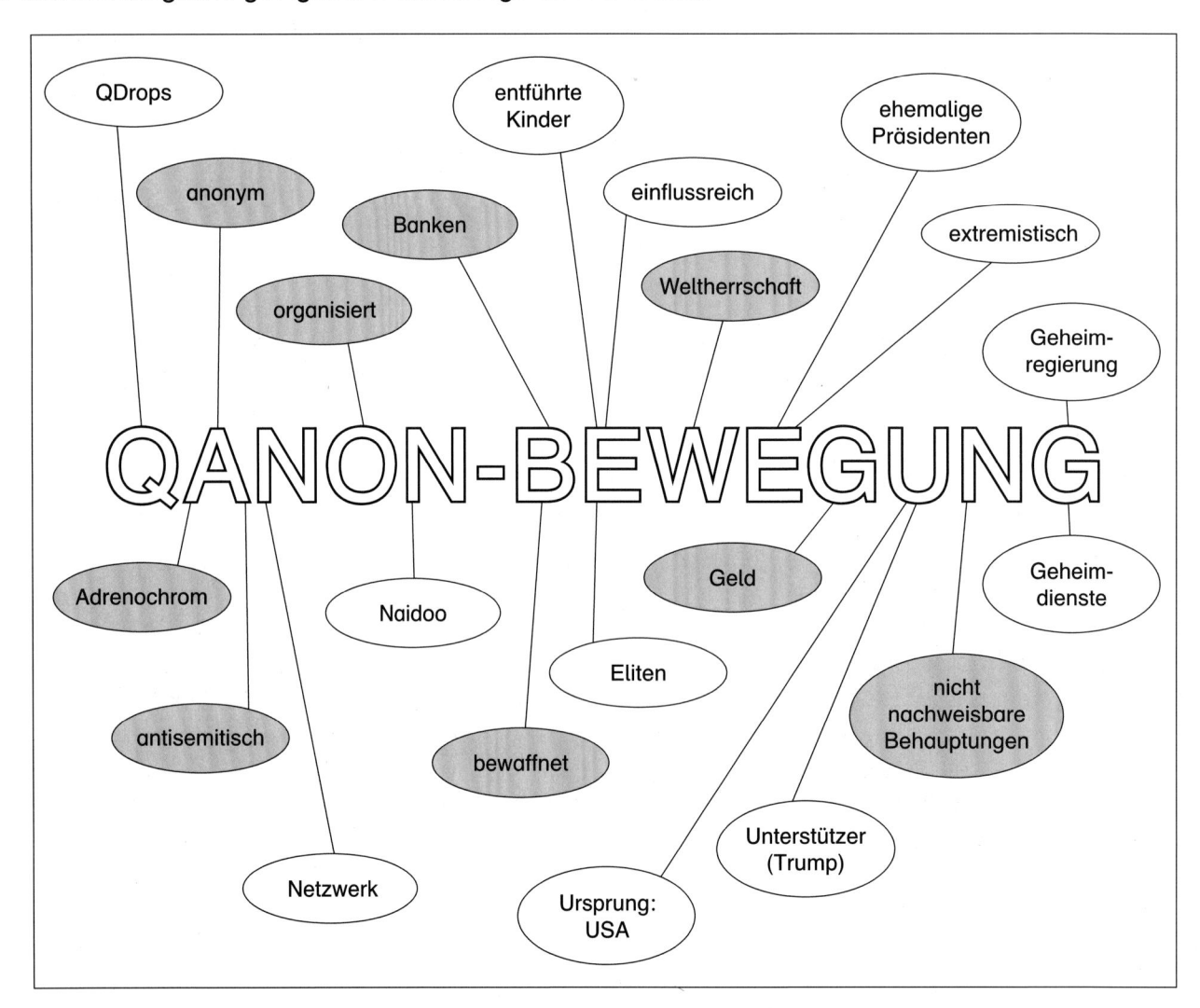

2.3 siehe ABC-Liste

Register 4: Warum glauben Menschen an Verschwörungserzählungen?

1. siehe 2.1

2.1 mögliche geeignete Darstellungsform: **Mindmap**

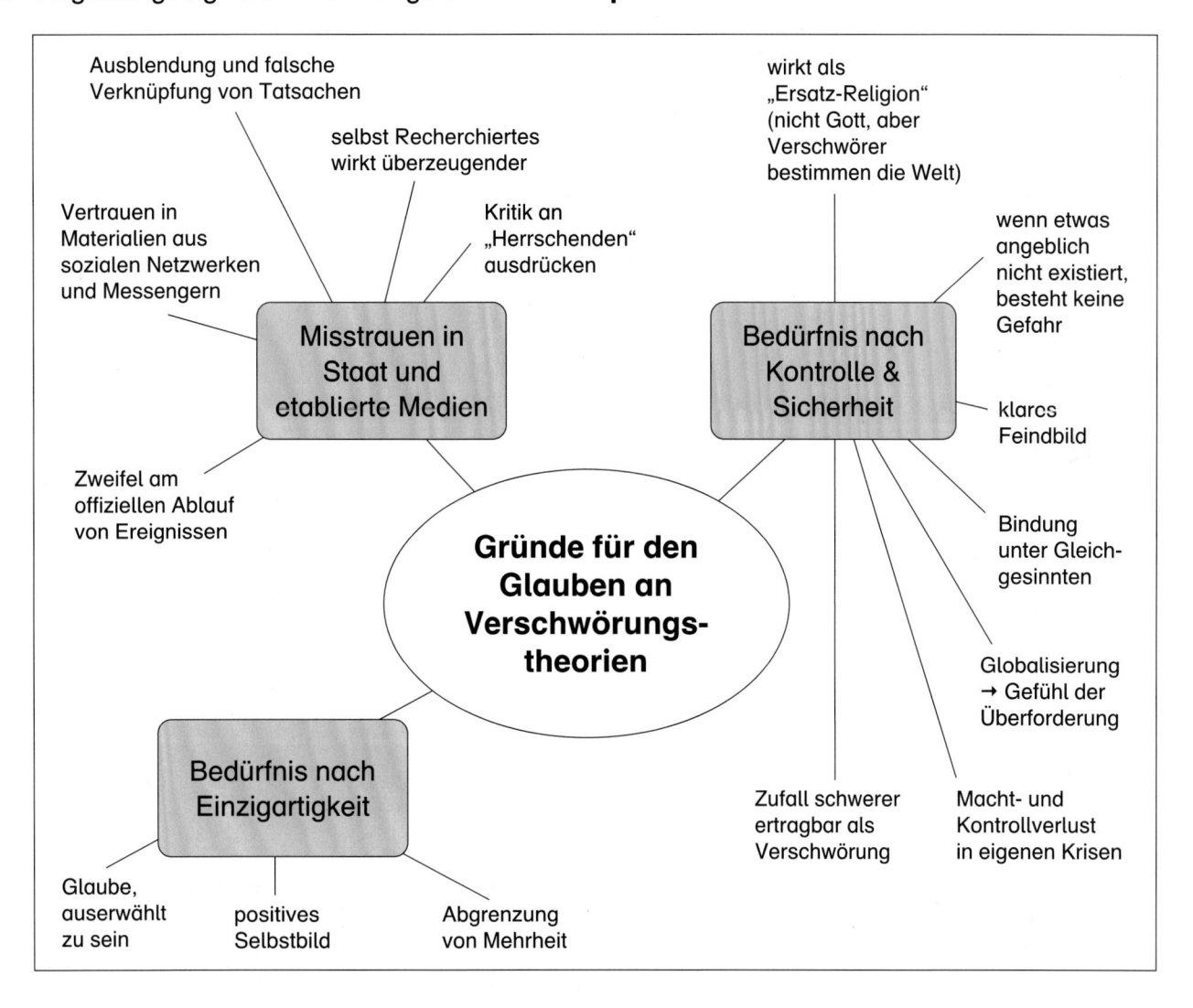

Mindmap zum Thema "Gründe für den Glauben an Verschwörungstheorien":

- **Misstrauen in Staat und etablierte Medien**
  - Ausblendung und falsche Verknüpfung von Tatsachen
  - selbst Recherchiertes wirkt überzeugender
  - Kritik an „Herrschenden" ausdrücken
  - Vertrauen in Materialien aus sozialen Netzwerken und Messengern
  - Zweifel am offiziellen Ablauf von Ereignissen

- **Bedürfnis nach Kontrolle & Sicherheit**
  - wirkt als „Ersatz-Religion" (nicht Gott, aber Verschwörer bestimmen die Welt)
  - wenn etwas angeblich nicht existiert, besteht keine Gefahr
  - klares Feindbild
  - Bindung unter Gleichgesinnten
  - Globalisierung → Gefühl der Überforderung
  - Macht- und Kontrollverlust in eigenen Krisen
  - Zufall schwerer ertragbar als Verschwörung

- **Bedürfnis nach Einzigartigkeit**
  - Glaube, auserwählt zu sein
  - positives Selbstbild
  - Abgrenzung von Mehrheit

2.2 siehe ABC-Liste

3. mögliche Lösungen:
- Angabe von echten Namen: Was haben die Verfasser sonst noch geschrieben?
- Impressum ansehen: Sitz der Herausgeber in Deutschland?
- Datum einer Meldung ansehen: Berichten auch andere Seiten darüber?
- Quellen und Zitate überprüfen
- Hoaxmap.org meldet Fake News

ABC-Liste

	Thema: Verschwörungstheorien
A	*Adrenochrom*, *Antisemitismus*
B	**Bill Gates**
C	*Corona-Krise*
D	*„Dolchstoßlegende"*, **Donald Trump**
E	*Elite*, **Erich Ludendorff**, *Erster Weltkrieg (1914–1918)*, Extremismus
F	*Fake News*
G	**George Soros**
H	
I	Ideologie
J	jüdische Weltverschwörung, **Juden**
K	**Kaiser**, Kommunismus
L	*Legende*
M	Medien
N	Nationalsozialismus, Novemberrevolution (1918), „Novemberverbrecher"
O	**Oberste Heeresleitung (OHL)**
P	**Paul von Hindenburg**, *„Protokolle der Weisen von Zion"*
Q	*Q, QAnon, QDrops*
R	**Rothschild**
S	Sozialdemokratie, Sozialismus, *Sündenbock*
T	*Theorie*
U	
V	*Verschwörung*, Verschwörungsideologie, Verschwörungsmythos, Verschwörungstheorie
W	Weltanschauung, Weltbild, Weltverschwörung, **Wilhelm II.**, Wissenschaft
X	
Y	
Z	
Kategorien:	
Personen	Wirtschaft Ideologie *Gesellschaft*
	ABC-Liste